Comer en familia

Colección «FAMILIA»

9

MIRIAM MAGALLÓN

Comer en familia

Mensajero

© Ediciones Mensajero, 2018
Grupo de Comunicación Loyola
Padre Lojendio, 2
48008 Bilbao – España
Tfno.: +34 94 447 0358
info@gcloyola.com
gcloyola.com

Diseño de cubierta:
Félix Cuadrado (Sinclair)

Fotocomposición:
Marín Creación, S.C. – Burgos / www.marincreacion.com

Impreso en España. *Printed in Spain*
ISBN: 978-84-271-4248-0
Depósito legal: BI-1206-2018

Impresión y encuadernación:
Printek, S.A.L. – Zamudio (Vizcaya) / www.gzprintek.com

Índice

Agradecimientos 9

Prólogo, por la doctora Clotilde Vázquez 11

Presentación. El bien de la comensalidad
    por el profesor Fernando Vidal 15

Introducción 19

Capítulo 1. Comer sano 25

Capítulo 2. Comer bien 47

    Las tres reglas básicas para una buena
        alimentación 48

    Una buena organización ayuda mucho 59

    El cerebro de nuestro estómago 69

Capítulo 3. Comer con niños 73

    Comer sano celebrando 74

    Malos hábitos en los niños: chuches como premio .. 82

    Educar en nutrición 86

    Educar en la mesa 89

Capítulo 4. Comer en familia: cuestión de actitud ...   95

  Beneficios de comer en familia   96

  ¿En qué valores nos apoyamos para comer
      en familia? 101

  Actitudes de los padres frente a la comida 116

  Habilidades de comunicación en la mesa 120

Capítulo 5. La comida y las emociones 135

  La comida como nutriente emocional 135

  ¿Por qué necesitamos entonces la comida? 144

  Las emociones y la comida 146

  Educar emocionalmente 161

  Comer con conciencia (*mindfuleating*) 166

  Nutrientes emocionales: vuelve a sentir placer
      más allá de la comida 172

Capítulo 6. Surgen problemas con la comida 175

  Embarazo y la llegada del bebé 176

  La adolescencia 181

  Menopausia 187

  Estrés laboral 194

  Cambios vitales 198

  Siempre a dieta 204

  Nuestros mayores 208

Conclusiones finales 215

Bibliografía recomendada y comentada 219

Agradecimientos

Gracias a Fernando Vidal y Ana Berástegui por proponerme este proyecto, por su dedicación y por acompañarme en las dificultades.

Gracias a los *nutris* de Medicadiet, Alvaro Sánchez y Ana Núñez por asesorarme y aportarme materiales para los temas de nutrición.

Gracias a Cristina y Maite por su ánimo e impulso constante.

Gracias a mi familia numerosa, mi marido y mis 3 hijos, de la que tan orgullosa me siento y con la que tanto aprendo a comer en familia.

Prólogo

Escribo este *Prólogo* los días en que asisto al vigésimo quinto Congreso Europeo de Obesidad. Lógicamente, en un entorno en el que se subraya la importancia de la enfermedad –«auténtica epidemia mundial»–, se comunican las novedades en relación a la comprensión de los mecanismos fisiopatológicos de la misma y de las complicaciones derivadas del exceso de grasa, las novedades terapéuticas tanto farmacológicas como de índole psicológica, quirúrgica, etc., la información y formación contenida en este libro adquiere mayor relevancia y proyección.

Porque además de los contenidos estrictamente «científicos», imprescindibles en la formación continua de los profesionales de la salud, en este encuentro ha destacado como un clamor la necesidad de que las instituciones, los gobiernos y, por supuesto, los ciudadanos, tomemos decisiones y medidas para «sanear» nuestro estilo de vida, donde la alimentación es el pilar fundamental. Hace ya más de 15 años, en relación con el tema de la obesidad, la Organización Mundial para la Salud lanzó un *«call for action»* dirigido a todos los sectores de la sociedad.

Obviamente, ante un problema de tan grandes dimensiones, la tarea fundamental es de índole política en su acepción más amplia. Esto es, desde la planificación agraria y la regulación de la industria alimentaria a políticas sociales que compensen desigualdades e inequidades, pasando por iniciativas encaminadas a favorecer horarios laborales conciliables con la vida personal y familiar o proyectos de ciudades saludables... Es también la promoción del consumo de alimentos de proximidad, el desarrollo de políticas educativas, una política sanitaria centrada en la prevención, y un largo etcétera.

Con todo esto en mente, nada más agradable que prologar este libro de Miriam Magallón, donde la autora vuelca su experiencia en la prevención y tratamiento de la obesidad en la «cuna» de los buenos hábitos, no solo de comer, sino de vivir: la familia. Su aparición no puede ser más oportuna.

Comer en familia (en la más amplia acepción del término) y aprender a comer sano no son dos ideas utópicas, sino una auténtica necesidad, ante un escenario social vertiginoso que nos desestructura y nos impregna de estrés, incomunicación y ansiedad. Escenario que nos inunda de excesiva oferta alimentaria y, paradójicamente, nos deja en ayunas del principal alimento para nuestro equilibrio energético-emocional: la convivencia, el afecto, la ternura, el placer....

La comida en familia una vez al día estructura y genera, nos da la oportunidad y la enseñanza del compartir, dialogar, disfrutar. Comer juntos es corresponsabilizarse de la elaboración de los menús, previene de «engullir» como acto casi inconsciente, simultaneado con otra tarea, que tanta carencia deja en nuestro esqueleto afectivo, pero también en la salud nutricional.

Bienvenidos este texto, a lo largo del cual encontrarán muchas reflexiones, ideas, consejos y conocimientos profesionales, de enorme utilidad por su veracidad y su acercamiento a esa compleja realidad de una manera sumamente práctica, como solo las personas muy experimentadas pueden hacer.

Clotilde Vázquez Martínez

Jefa del Departamento de Endocrinología y Nutrición, Fundación Jiménez Díaz – Quirón Salud

Directora del Máster de Obesidad, Universidad Rey Juan Carlos

Profesora asociada UAM
Asesora científica de Medicadiet

Presentación

El bien de la comensalidad

Comer es crear. Cuando comemos creamos estilo de vida, creamos un tipo de mundo, creamos y recreamos relaciones. Este libro nos invita a comer y crear, a comer para crear y a crear comiendo. Comer en familia es un modo de crear familia y este libro inteligente, sanador y creativo nos lo demuestra.

Cuando recordamos las comidas de nuestra infancia o juventud, no pensamos tanto en alimentos concretos como en un grupo de personas. Puede que nos venga a la memoria nuestra madre o padre llevando una bandeja o una olla a la mesa, una comida que reunía a toda la familia en Navidad u otra festividad, una sencilla cena con nuestros amigos en la playa al anochecer, o una comida con nuestro novio o novia en uno de esos primeros viajes que nunca olvidaremos. La comida nos lleva a un mundo de relaciones.

Ciertamente, comer es relacionarnos con el mundo. Nos une al mundo de la forma más íntima: materialmente, metemos una parte del mundo dentro de nosotros para que nos dé vida. Decía Martin Luther King que cuando hemos terminado de desayunar ya nos hemos relacionado con medio mundo mediante lo que comemos: en cualquier desayuno normal es frecuente que el azúcar venga de

Cuba, el café de Etiopía, la leche de la región más verde de nuestro país, las nueces de California, el aceite de Andalucía, el mango de Colombia, las galletas de Inglaterra. Para hacer los cereales de la marca más conocida se emplean productos de 20 países de los cinco continentes; la taza que usamos viene de China, el cubierto de Alemania, el mantel de la India, la cafetera es italiana o la mesa es sueca. Efectivamente, al acabar el desayuno ya nos hemos relacionado a través de la comida con medio mundo.

Quizás uno de los problemas es que comemos poseyendo y no comemos relacionándonos. No se trata de tomar alimentos y meterlos en nuestro cuerpo para llenar un hueco o vacío que de esa forma nunca se va a llenar y nunca te saciará. Se trata de recuperar el bien de la comensalidad. Comer tal como nos gustaría recordar esa comida en el futuro: con gusto, belleza, armónica, creativa.

Comer no es solamente una forma de vincularnos y actuar en el planeta –con todas las implicaciones sociales, culturales y ecológicas que esto entraña–, sino también de relacionarnos con nosotros mismos. La forma en que comemos da forma a nuestra vida y da forma a nuestra familia. La autora de este libro, la psicóloga Miriam Magallón, sabe mucho de eso ya que ha dedicado su vida profesional a ayudar a un gran número de personas y familias a mejorar su vida descubriendo una nueva forma de comer.

Este libro que tiene el lector entre las manos no solamente nos devuelve el gusto por comer, sino que nos da de nuevo el bien de la comensalidad. La comida nos une, nos hace conversar, nos convoca cada poco tiempo a reencontrarnos con unos y otros, nos llama a preparar juntos los alimentos, a aprender sobre ellos, a servirnos unos a los otros, a responsabilizarnos de la limpieza y el reciclaje. Comer crea un mundo, comer nos recrea en el mundo.

Juntarnos a comer es muchas veces una forma de reiniciar relaciones heridas o perdidas. Compartir la misma comida nos sana, recrea lazos y confianzas, hace fácil compartir también palabras, pone gestos de respeto sobre la mesa. ¿Acaso no necesita nuestro planeta sobre todo un gran movimiento de reencuentro y conversación? ¿No necesitamos poder sentarnos de nuevo juntos en la mesa para compartir el agua y la sal, el vino y el pan?

Casi nada en torno al comer es individual. Incluso el vernos demasiado obesos o delgados no es algo únicamente individual. Estamos en realidad reflejando expectativas que creemos que los demás tienen sobre nosotros, reaccionamos a los modelos de reputación social que nos exigen una determinada talla, somos manejados por la industria que nos pide que tengamos tal o cual talla, o tal o cual modelo de consumo. En términos positivos, nuestro estilo de comer es social, comemos con otros, está integrado en un estilo de vida compartido. Por eso, como Miriam Magallón nos demuestra, cambiar nuestros hábitos de alimentación requiere mejorar nuestros estilos de vida.

A la vez, cambiar nuestras formas de comer también es un modo de mejorar nuestro estilo de vida, nuestras formas de relacionarnos, la percepción que tenemos sobre nosotros mismos. Comer es crear y recrear.

En el Instituto Universitario de la Familia, de la Universidad de Comillas, estamos en permanente relación con familias que tienen problemas de muy diferentes tipos. Algunas veces hay crisis en la pareja, otras muchas hay problemas educativos con los hijos o incluso uno de los miembros de la familia se siente desconectado del resto. Tenemos experiencia de que eso se refleja en desórdenes con la comida, a veces graves. Generalmente, cuando la familia está en crisis, la comida y la comensalidad son malas.

Comenzar por mejorar la comensalidad y las formas de comer es un método que puede ayudar muchísimo a las familias en crisis.

También nos encontramos con familias que no tienen problemas graves, pero sí tienen aspiraciones a compartir más, alimentarse mejor, hacer un tipo de alimentación que sea ecológico y sano, que comer sea una oportunidad para disfrutar y también educar. Este libro les será de máxima utilidad.

Desde el Instituto Universitario de la Familia de la Universidad de Comillas, queremos dar las gracias a la psicóloga Miriam Magallón y al sello Mensajero, del Grupo de Comunicación Loyola, por hacer posible este libro tan innovador que puede ayudarnos a tantas familias. Gracias por crear este libro para la colección «Familia».

Comer en familia es crear familia. Averigüemos cómo hacerlo todavía mejor. Le invitamos a leer este libro como quien comparte la mesa con Miriam Magallón. Celebremos el bien de la comensalidad. Bienvenido a este libro, que es una experiencia, un método y un don.

Prof. Fernando Vidal
Director del Instituto Universitario de la Familia
Universidad Pontificia Comillas

Introducción

Un estudio publicado en agosto de 2014, por la compañía norteamericana de investigación de mercado NPD, reveló que los estadounidenses hacían el 50 % de sus comidas a solas. La mayoría desayunaban corriendo antes de salir de casa y comían frente al ordenador o de camino al trabajo o a la escuela, y lo que solían tomar era comida rápida, snacks, etc. En casa hemos visto una serie norteamericana sobre una familia compuesta por los padres y tres hijos (*The Middle*). Siempre cenan comida basura frente al televisor. Y el desayuno lo toman a la carrera cuando salen de casa.

Esta serie, además de hacernos pasar un buen rato, es un reflejo de la realidad cambiante de los hábitos alimentarios de nuestro mundo y de nuestras propias familias. La mesa familiar ha sido sustituida por el *fast food*. Tenemos horarios endiablados que nos impiden cocinar con calma y poder juntarnos toda la familia a comer a la misma hora. También es cierto que en nuestra cultura mediterránea rara es la familia que no se reúne al menos una vez a la semana para comer junta.

En un estudio realizado por la Universidad La Frontera de Chile en 2015 se analizó la relación entre salud, relación sana con la comida y la felicidad. De los datos extraídos se concluyó que las personas menos felices puntuaban también bajo en la percepción de su propia salud y en menor satisfacción con la alimentación que llevaban. Dicho de otra forma, que las personas más felices se percibían con un buen estado de salud y una relación sana con la comida. Así pues, debemos incluir la comida como un factor que nos aporta felicidad y bienestar.

Cuando hace ya unos meses, el Instituto de la Familia de la Universidad Pontificia Comillas, donde estudié la carrera, me propuso escribir un libro sobre el comer y la familia, mi primera reacción fue de sorpresa. Soy psicóloga clínica de campo, me gusta «tocar tierra» y estar cerca de los pacientes. Soy poco teórica y tampoco me tengo por académica. Pero en seguida me di cuenta de que tenía mucho que contar, porque llevo muchos años escuchando a personas contarme sus problemas con la comida y además tengo familia numerosa y todos los días me enfrento al reto de comer en familia.

A lo largo de estos años que llevo dedicándome a la psiconutrición, he encontrado montones de personas que comen solas, de manera desordenada y a golpe de impulso. Esas personas suelen sufrir sobrepeso y una inmensa culpa por haber llegado a esta situación. El mayor aprendizaje que me llevo de esta experiencia es que comer despacio comida preparada en casa y en compañía, es la mejor opción para estar sanos y tener una relación saludable con la comida (no son la misma cosa, como veremos a lo largo del libro).

Esta experiencia clínica, unida al hecho de que soy madre de 3 hijos pre y adolescentes, me han convertido en una *convencida radical* de la importancia de comer juntos y bien, a diario. Muchos de nosotros tenemos la intuición de que comer en familia es beneficioso. Yo diría más: ¡es muy poderoso! Comer en familia es un factor protector para nuestros hijos frente a problemas de alimentación, consumo de sustancias y dificultades de relación con otros compañeros.

En el libro de Gregorio Luri *Elogio a las familias sensatamente imperfectas* nos encontramos con un estudio que trataba de dar respuesta a esta pregunta: ¿cuál es el hábito familiar que tiene una repercusión positiva más clara en los resultados escolares de los hijos? El resultado fue: hacer juntos una comida diaria, sentados alrededor de la mesa. Diversas publicaciones y estudios avalan que comer en familia nos hace más inteligentes emocionalmente, más sanos y más fuertes frente a la adversidad. Ahora tendremos que ver cómo lograrlo.

Si tuviera que resumir en pocas palabras *de qué va este libro,* diría que trata de ayudarnos a entender nuestra relación con la comida, a partir de los patrones aprendidos en la infancia, y cómo mejorarla para disfrutar de ella y orientar a nuestra familia a hacerlo también. No he pretendido elaborar una guía para comer sano. Tampoco es un libro más de dietas. Me gustaría que fuera una oportunidad para ampliar el concepto que tenemos de comer y disfrutar más de comer en familia.

En primer lugar, ahondaremos en qué es eso de tener una **relación sana con la comida** (capítulo 1). Este concepto va mucho más allá de aportar nutrientes a nuestro organismo. Una relación sana (de cualquier tipo) es aquella basada en la libertad. Nos relacionamos de manera sana con la comida cuando tomamos lo que nuestro cuerpo necesita y sabemos parar cuando es suficiente. Disfrutamos de los sabores, del placer de una buena comida, pero no creamos una dependencia que nos impida soltarla. Es comer sin emociones por medio, dejando a un lado patrones negativos, tal vez aprendidos desde pequeños.

Una relación sana con la comida implica estar en contacto con nuestro cuerpo y sus necesidades y no perder de vista las sensaciones de hambre y saciedad al comer. Sé que es una labor difícil. Se trata de quitar las ramas que no nos dejan ver el camino, de simplificar lo que tanto hemos complicado en este proceso de comer, para sentirnos más libres y más a gusto con nuestro cuerpo.

El capítulo 2 lo he dedicado a profundizar en **comer bien**. Para ello, debemos tener unas nociones básicas de nutrición. Padres e hijos hemos de conocer para qué sirve cada nutriente y en qué proporción es adecuado. Veremos algunos principios básicos de nutrición para que nuestra alimentación sea equilibrada, frecuente y variada. Una de las principales claves para comer bien es tener una buena organización, por eso analizaremos con detenimiento cómo comprar y organizar bien nuestro menú semanal.

Los niños se desmadran cuando salimos a comer fuera o cuando tienen cumpleaños. Abordaremos temas *peliagudos* como las chuches, las tentaciones y los caprichos, para tratar de manejarlos mejor. Buscaremos pautas para comer celebrando sin perder el control. Y propondré juegos para que los más pequeños también participen en este aprendizaje (capítulo 3).

El apartado central (capítulo 4) corresponde a la motivación principal del libro. Nos haremos más conscientes de los beneficios de **comer** juntos **en familia**. Haremos un recorrido sobre las actitudes y valores que tenemos los padres respecto a la comida y qué patrones queremos ofrecerles a nuestros hijos. Pretendo que nos situemos frente a la comida familiar con una actitud curiosa, abierta y, por qué no, lúdica. No hay que olvidar que las comidas familiares son la ventana a la gastronomía; los niños aprenderán a relacionarse con la comida a través de las costumbres que observen en casa.

Alrededor de la mesa nos juntamos familia y amigos a festejar, celebrar o compartir lo cotidiano y lo extraordinario.

Sentarse a la mesa ofrece la oportunidad de conocerse y afianzar los vínculos. En torno a ella se hacen y rehacen las relaciones dentro de la familia. Es lugar de encuentro, comunicación y bienestar. Por ello, reflexionaremos sobre nuestro estilo de comunicación en casa y cómo mejorarlo para que los ratos que estemos a la mesa hablemos desde el interior y compartamos inquietudes, problemas, proyectos, anécdotas…

El capítulo 5 va a abordar el tema de **las emociones y el comer**. Son muchas las personas a las que he escuchado contar sus problemas con la comida y el peso. Estoy convencida de que las emociones juegan un papel decisivo cuando comemos, y la mayoría de las personas con sobrepeso tienen dificultad para gestionar dichas emociones. Recurrimos a la comida para aligerar el malestar que nos generan algunas emociones o como vía de escape a situaciones estresantes. Para que las emociones no se entrometan en el acto de comer hemos de identificarlas primero y tratar de darles una salida más adecuada. Daremos a cada necesidad su respuesta.

Introduciré también el concepto de *mindfuleating* para ofrecer una herramienta más en esta búsqueda por tener una relación sana con la comida. Este término inglés es un neologismo compuesto de dos palabras: «*mindful*» e «*eating*». *Mindful* significa con conciencia o atención plenas, siendo plenamente consciente de algo; *eating*, comer o comiendo. Si las unimos resulta, por tanto, «conscientes de lo que comemos». Comer con conciencia y atentos, nos permite disfrutar de la comida y saborearla con todos los sentidos, convirtiendo el acto de comer en una meditación.

Soy consciente de que este tema, el de la comida, no es fácil de manejar. Por ello, en el último capítulo nos dedicaremos a reflexionar sobre algunos **problemas que surgen** cuando la comida está por medio.

Escribo este libro para facilitar un espacio de reflexión y de buscar dentro (aquí entra mi vena de psicoterapeuta buscando siempre la introspección) qué obstáculos internos nos impiden tener una relación sana con la comida. He tratado de combinarlo con otras partes más pedagógicas por medio de pautas y orientaciones. Y no he querido olvidarme de que este es un libro para toda la familia, por lo que he intercalado juegos y ejercicios que podemos hacer con nuestros hijos y poner en práctica todo lo que hemos ido leyendo.

Por ello, cada vez que veamos el símbolo de un gorro de cocinero como este: encontraremos juegos para hacer con nuestros hijos o consejos prácticos.

Y cuando veamos una estrella sabremos que nos encontramos ante una «idea estrella», un punto clave a recordar.

Puestos a desear, ojalá al terminar el libro consideremos una prioridad comer juntos en familia una vez al día cuidando la calidad de ese rato: una comida preparada en casa con cariño, buen ambiente y una conversación sincera. ¿Se puede pedir más?

Capítulo 1

Comer sano

Vivimos tiempos culinarios. Los programas de cocina abundan en la tele, los concursos tienen gran audiencia, los restaurantes están en pleno auge. La cultura gastronómica está al alza. España ocupa uno de los primeros puestos en materia de alta gastronomía y los extranjeros que visitan España siempre se despiden diciendo: «¡qué bien se come aquí!». Sin ninguna duda, comer se ha puesto de moda y los medios de comunicación se hacen eco de novedades, vanguardias e inauguraciones.

A lo largo de los últimos siglos las modas sociales han ido cambiando, destacando unas costumbres y demonizando otras. No podemos obviar que la presión social nos condiciona en el comer. Por ejemplo, durante la Guerra Civil y en la época de la posguerra, el ideal de salud y belleza era estar *entrado en carnes*. Los niños gordos eran vistos como niños felices y sanos. La hambruna y la carencia de muchos alimentos hicieron que la gente que podía permitírselo, almacenara reservas y comiera en exceso. Esa lozanía era símbolo de estatus, de clase social alta. Sin embargo, a finales del siglo XX el canon de belleza se basa en una delgadez extrema y me temo que sigue así hasta nuestros días (no hay más que fijarse en las modelos de pasarela).

Cada generación ha comido de una manera. Hasta finales del siglo XVIII la gente comía lo que le daban la tierra y el mar. Se consumían productos locales y no había gran variedad de alimentos. Con la llegada de la Revolución Industrial se empiezan a procesar los alimentos, es posible conservarlos mejor y se inician las exportaciones. Esto cambia completamente el panorama culinario de Europa y se amplía la diversidad de alimentos lográndose dietas bastante más equilibradas.

Los años 70 y 80 del pasado siglo XX son protagonistas de la aparición del *fast food*. De nuevo, el modelo de alimentación cambia sustancialmente. Las madres cocinan menos al incorporarse al mercado laboral y se pone de moda comer hamburguesas o pizzas en restaurantes recién inaugurados y platos menos elaborados, precocinados y congelados.

Es en el siglo XXI cuando, tras comprobar los efectos perjudiciales de la comida basura en nuestro organismo, tiene lugar una vuelta a los orígenes. Volvemos a los productos que nos proporciona la naturaleza, huimos cada vez más del procesamiento de los alimentos y todo ello lo identificamos con un modelo de salud y belleza. Está de moda lo biológico (los cultivos libres de insecticidas, la carne y el pescado libres de toxinas y antibióticos). Se valoran los huevos camperos de gallinas criadas en libertad, las carnes certificadas de calidad, el pescado salvaje y fresco frente al congelado y de piscifactoría, el pan artesano hecho con masa madre. La clase media-alta huye de lo industrializado. Con la reciente crisis económica se abre otra brecha social que distingue a los colectivos que no pueden comprar frutas y verduras frescas ni carne y pescado a diario, de la clase alta que consume productos frescos biológicos a diario y destierra la bollería industrializada y las grasas hidrogenadas.

Entonces, si tanto han cambiado las costumbres alimenticias, ¿qué es comer sano? Cientos de artículos y revistas hablan de ello. Si pensamos en su significado, puede que lo primero que nos venga a la cabeza sea: comer frutas y verduras o estar a régimen. Nos encontramos frente al primer mito a derrocar. Comer sano no tiene nada que ver con restringirse ni con alimentos prohibidos. Cada cierto tiempo irrumpe en nuestro medio una nueva dieta milagro: Dunkan, Pronokal, dieta disociada, dieta de la alcachofa, la del bocadillo, la de «en una hora coma todo lo que quiera», Weight Watchers…

En mi opinión, la mayoría de estas dietas provocan una intensa sensación de restricción, por la escasa ración permitida y por tener alimentos prohibidos (casi siempre pan, pasta, arroz y legumbres), y fomentan la compulsión de aquellos alimentos deseados y *proscritos*. Las dietas que nos permiten comer lo que queramos durante una hora a la semana están provocando y reforzando los atracones. Otras, como las dietas de puntos, permiten las comidas desordenadas siempre que no se rebase la puntuación pautada. Por tanto, podemos concluir que estar a dieta no es sinónimo de comer sano.

Si nos paramos a considerar qué es algo sano, dice el diccionario del adjetivo sano *«que es bueno para la salud»*. Y salud viene definido como *«buen estado, marcha o funcionamiento de un ser vivo o de una colectividad»*. Por eso, no podemos considerar sana una dieta que prohíbe comer todo un grupo de alimentos, o una dieta que ofrece menús de alimentos prefabricados en sobres.

Entonces, ¿comer sano es lo mismo que tener una relación sana con la comida? En esencia, sí, comer sano es tener una relación sana con la comida, pero aquí entran múltiples factores y dimensiones. No hablamos solo de ingerir nutrientes para aportar al organismo el combustible necesario para que funcione (eso sería comer bien).

Reflexionemos primero sobre lo que es una relación sana de cualquier tipo: relación entre personas, con una situación, con objetos, con el dinero, con nosotros mismos. En mi opinión el factor clave de una relación sana radica en la libertad: en la capacidad de la persona para relacionarse conforme a su voluntad y su conciencia, sin restricciones. Es decir, una persona se relaciona de manera libre cuando toma decisiones sin coacciones externas, sin depender de la opinión de otros, sin culpa; cuando actúa según su criterio.

Por eso, cuando tenemos una relación libre con algo/alguien, nos podemos separar y acercar como necesitemos; no hay apego o dependencia ni tampoco culpa por dejarlo. Nos acercamos cuando lo necesitamos y cuando sentimos que es suficiente nos alejamos. De la misma manera podemos aplicar esta definición a la relación con la comida. Una relación sana y libre con la comida nos permite tomar los alimentos que necesitamos y nuestra capacidad de elegir libremente, sin ataduras, nos ayuda a dejar de comer cuando ya es suficiente.

Ejemplo de una relación nada libre con la comida es la obsesión por la misma. La persona no puede parar de pensar en ella, en lo que comerá a continuación. Es una adicción que doblega su voluntad y todo su mundo gira en torno al comer. Esta obsesión genera un gran sufrimiento psicológico en la persona y precisa de ayuda profesional para superarla.

En el extremo opuesto nos encontramos con las personas que sienten total indiferencia hacia la comida. Les da igual comer o no, no tienen el mínimo interés en la preparación y el deleite de los alimentos, y generalmente comen mal y desordenadamente. Tampoco tienen una relación sana las personas que ejercen un estricto control sobre su alimentación. Es otra forma de obsesión que las lleva a pensar continuamente en cuántas calorías supondría tomarse esto, cuántos kilos puede engordar, cómo organizar su dieta semanal para poder ir a un restaurante el fin de semana. La conducta restrictiva y controladora con la comida es un síntoma de anorexia.

No tendremos tampoco una relación sana con la comida cuando la usemos para fines engañosos o artificiales. Y, seamos sinceros, con frecuencia utilizamos la comida para calmar emociones, para gratificarnos o castigarnos, para huir del malestar, para buscar sin control el placer. En mi experiencia profesional constato a diario la cantidad de personas que se valen de la comida para calmar el enfado con el jefe, la soledad al llegar a casa o la rabia contra sí mismos. El acto de comer se convierte entonces en un momento de evasión de los problemas, unos instantes de placer o la única gratificación que tienen en el día.

Por eso, una relación sana con la comida necesita que se cumplan varios requisitos:

Comer sano es comer equilibrado, variado y frecuente

En primer lugar, comer sano es comer bien: cantidades adecuadas de cada grupo de alimentos, con suficiente variedad en nuestra dieta (es decir, no comer siempre lo mismo por muy saludable que sea) y frecuentemente (4-5 veces al día). Comer equilibrado supone tomar en cada comida un plato que incluya 50 % de frutas y verduras, 25 % de hidratos de carbono en forma de cereales, pan, arroz, pasta, legumbres y 25 % de proteína: carne, pescado, huevos. Así pues, hemos de comer todos los días verduras, frutas, hidratos de carbono, grasas, proteínas y lácteos para garantizar la variedad en nuestra dieta.

Comer cinco veces al día (2 de ellas con un pequeño tentempié) nos permite mantener nuestro metabolismo activo y evitar bajones de azúcar. Si mantenemos el equilibrio glucémico no tendremos la sensación de hambre voraz y así controlaremos mejor la cantidad de alimento que ingerimos en las comidas principales del día. Esta manera de alimentarnos la veremos con más detalle en el capítulo 2, «Comer bien».

A lo largo de este libro iré compartiendo algunas historias de personas a las que he acompañado en este proceso de comer sano. Obviamente sus nombres, por razones de confidencialidad, no corresponden con los reales. A veces la solución para estas personas era precisamente empezar a comer equilibrado, a comer bien.

Por ejemplo, cuando Rosa llegó a la consulta tenía un desorden vital importante. Trabajaba como autónoma, sin horario fijo y con mucha movilidad, por lo cual no tenía horarios de comidas y las improvisaba de cualquier manera. Me relató que desayunaba leche con una tostada, con frecuencia se saltaba la comida de mediodía y a media tarde, hambrienta, se comía un bocadillo. Llegaba a casa agotada, sin nada en la nevera, y entonces pedía por teléfono pizza, hamburguesas o sacaba un plato precocinado del congelador.

En su dieta había ausencia total de frutas y verduras y un exceso de hidratos de carbono y grasa; no hacía 5 comidas nunca y pasaba de comer poca cantidad (en el desayuno) a comer en exceso por la noche (pizza o lasaña, helados). Rosa presentaba un claro abandono personal: no se arreglaba, hacía mucho que no iba de compras, no hacía ejercicio, etc. Además, no mantenía hábitos fundamentales de autocuidado, como hacer la compra con regularidad, proveer su nevera de productos frescos o elaborar un menú semanal. No recordaba la última vez que había cocinado en casa.

El trabajo con Rosa consistió en poner orden en su vida. Empezó a hacer la compra una vez a la semana. Se organizó un menú semanal sencillo que le permitía cenar equilibradamente todas las noches al llegar a casa (verdura, proteína y fruta). Debido a la movilidad de su trabajo salía todas las mañanas con fruta, un yogur y un puñado de frutos secos en el bolso para poder hacer dos tentempiés a lo largo del día. Logró empezar a andar dos mañanas entre semana, y el fin de semana iba al gimnasio. Al poco tiempo Rosa empezó a notar cambios: además de la bajada de peso, se sentía menos cansada, más a gusto con su cuerpo y orgullosa de cumplir sus objetivos.

Comer sano es respetar las señales de hambre y saciedad de nuestro cuerpo

Muchas personas que acuden a mis talleres de «Motivación para adelgazar», someten a su cuerpo a ayunos estrictos, muchas horas sin comer, porciones ridículas de comida… Permitidme un inciso para explicaros en qué consisten estos talleres. Las dos versiones del taller (individual de 3 sesiones y grupal de 5 sesiones) buscan mejorar la motivación para recuperar el control de la comida en sus vidas, detectar los principales problemas que encuentran cuando quieren perder peso (pensamientos autosaboteadores, hábitos perjudiciales que fomentan comer poco sano) y dotarles de herramientas para enfrentarse a esas dificultades.

Como decía antes, la mayoría de nosotros no respetamos las señales de hambre que nos envía nuestro cuerpo. Respetar estas señales significa *echar gasolina* a nuestro cuerpo cada 3 horas. Si lo dejamos en reserva, nuestro cuerpo sufre, los órganos internos no funcionan correctamente y reciben la comida con voracidad cuando llega. Para que nuestro cuerpo funcione adecuadamente y no tenga bajones de energía a lo largo del día debemos alimentarlo con frecuencia, para que los niveles metabólicos estén equilibrados y nuestro rendimiento intelectual y físico no se vea afectado.

De igual manera, una relación sana con la comida implica saber parar cuando lo que hemos comido es suficiente. Nacemos con esa conexión corporal que nos dice cuándo no queremos comer más. Si nos fijamos en los bebés comprobaremos que se sueltan del pecho de la madre o de la tetina del biberón cuando ya no quieren más. Mi sobrina pequeña comienza a jugar con la tetina y la lengua cuando ha comido suficiente. Hemos de respetar este proceso y no obligarles a acabar el biberón o distraerles para que lo terminen todo.

De la misma forma, los bebés también nos hacen saber por medio del llanto que tienen hambre. Es su manera de comunicar a los mayores la sensación de hambre que sienten en su cuerpo. Desgraciadamente conforme va pasando el tiempo y nos empiezan a *educar,* nos desconectamos. Cuando empezamos a instaurar en los niños (a veces incluso en los bebés) unos horarios rígidos de comida, o decidimos que deben comer la cantidad que le preparamos sin dejarles margen a que no tengan hambre en ese momento, les estamos alejando de sus sensaciones corporales. Les estamos enseñando que hay que comer todo lo que haya en el plato, aunque no se tenga hambre, y que es más importante cumplir el horario que la sensación de hambre. O sea, les apartamos de sus sensaciones naturales de hambre y saciedad. Así el niño empezará comer sin hambre, a empacharse y a ignorar esas señales de saciedad (cuando la comida que tiene delante es muy apetitosa o adictiva).

Además, no todos los alimentos nos sientan bien. Si observamos nuestra digestión, podemos descubrir qué alimentos agradan a nuestro cuerpo y cuáles nos producen malestar. Aquellas personas que insisten en comer grasas, chocolate o alcohol a pesar de sentarles mal, no están respetando las señales de su cuerpo y lo violentan haciéndole comer cosas tóxicas. Deberíamos ser más conscientes de las veces que maltratamos nuestro cuerpo llenándolo de azúcares refinados, exceso de sal y aditivos artificiales, grasas hidrogenadas, etc. Estos componentes alimenticios elevan nuestra tensión arterial y sobrecargan órganos internos vitales como el hígado, riñón, corazón o intestino. Comer sano tiene mucho que ver con cuidar de nuestro cuerpo, no con envenenarlo.

Comer sano es no comer «llevados por las emociones»

Desde antes de nacer (en el seno de nuestra madre a través del cordón umbilical), el alimento es un medio para transmitir afecto y emociones. De bebés, la leche materna nos aporta afecto, seguridad y tranquilidad además de muchos nutrientes. Y sin darnos cuenta establecemos una conexión muy profunda entre las emociones y la comida. Por eso, cuando llegamos a adultos seguimos haciendo lo mismo: recurrir a la comida para que nos calme, nos consuele o nos proporcione el bienestar que nos falta. Y ese *poder curativo* que le otorgamos a la comida nos hace comer por emoción y nos quita libertad.

Recuerdo el caso de Antonio que acudió a mi consulta, entre otras razones, porque no podía dejar de tomar leche con galletas todas las noches. Antonio trataba de perder peso, pero llevaba un tiempo estancado ya que, a pesar comer equilibradamente a lo largo del día, terminaba todas las noches tomándose un buen vaso de leche con galletas. Su madre había muerto recientemente y eso le había sumido en una tristeza profunda.

Antonio había formado su propia familia, pero desde pequeño había tenido una relación especial y profunda con su madre. Con lágrimas en los ojos recordaba cómo su madre de pequeño le preparaba de merienda un tazón de leche con magdalenas que hacía ella misma. Ese gesto le hacía sentirse protegido y cuidado por ella. Ya de adulto, Antonio buscaba esa sensación calmante y protectora comiendo galletas para sustituir la ausencia de su madre.

Esto que le sucedía a Antonio se conoce como «comer emocional». El sobrepeso emocional lo sufren aquellas personas que, como Antonio, comen más de la cuenta para calmar, anular o silenciar emociones: ansiedad, tristeza, aburrimiento o enfado. Si recuperamos el control de las emociones podremos también mejorar nuestros hábitos de alimentación y como consecuencia, los de nuestros hijos. En el capítulo 5 lo veremos más detenidamente.

 Mejoraremos nuestra relación con la comida si la colocamos en el lugar adecuado y la sacamos del papel de protagonista principal que juega en nuestra vida. Dejemos de hacerla responsable de nuestras alegrías o tristezas. Comer a golpe de emoción **no nos soluciona los problemas**; en realidad los agrava.

Comer sano es comer sin patrones negativos heredados y aprendidos en la infancia

Considero que para tener una relación sana con la comida hemos de dedicar, en algún momento de nuestra vida, un tiempo y un espacio para pensar en ella. ¿Qué relación tengo con la comida? ¿La uso para algo más que nutrir mi cuerpo? ¿Para qué? Podemos hacernos la pregunta: ¿cómo se relacionaba mi familia con la comida en mi infancia?

Pensar en nuestra relación con la comida puede ayudarnos a reconocer actitudes negativas que estemos repitiendo con nuestra familia. Si observamos con paz y serenidad el papel que desempeñó la comida en nuestra infancia, tendremos una comprensión más profunda del origen de estos hábitos y será el primer paso para empezar a introducir cambios. Por ejemplo, podemos venir de una familia que comía muy rápido, con voracidad, etc., y esto puede repercutir en nuestro modo de comer hoy en familia: masticando poco, sirviéndonos más antes de vaciar el plato... Recuerdo una paciente que me narraba la primera vez que fue a cenar a casa de su novio. Era una familia numerosa y comían tan rápido por miedo a quedarse sin comida, que ella ¡apenas probó bocado!

Las vivencias de la infancia marcan nuestros patrones de alimentación en la madurez. Tomar conciencia de ello y sanar al niño interno que tuvo hambre (normalmente a través de una terapia) son vías para cambiar el rumbo de nuestra vida. Este es el caso de Juan que con 57 años llegó a la consulta con un importante sobrepeso.

Juan tenía 5 años cuando su padre falleció. Se quedaron solos su hermano de 3, su madre y él. Su situación económica era muy precaria y la madre comenzó a trabajar de dependienta en una tienda y de vendedora *freelance*. Los niños al volver del cole pasaban mucho tiempo solos. Al llegar a casa, Juan abría la nevera y la veía vacía. Veía las tiendas y los escaparates de las pastelerías llenos y sentía ganas de devorar. Se hizo responsable de su hermano demasiado pronto y también tuvo que asumir que había que controlarse en la comida porque no había más. Cuando Juan llegó a la consulta se le iluminaba la mirada diciéndome: «Siento mucha alegría cuando hago la compra y veo la nevera llena. A la hora de cenar me preparo un festín con mucha oferta, productos gourmet… Disfruto preparando cada comida y mientras voy cocinando empiezo a picotear».

El trabajo para sanar a su niño hambriento ha consistido en hablarle y tranquilizarle. El mismo se dice ahora al llegar a casa: *«No vas a pasar hambre. Aquello pasó hace mucho tiempo. Ahora no te va a faltar nada, estate tranquilo».* En la actualidad, Juan controla mejor las cantidades que come en la cena y sigue disfrutando de cocinar y comer, pero de una manera más equilibrada.

Comer sano es comer conscientemente

Comer con conciencia es poner toda la atención en nuestro plato y en el acto de comer. Es estar atentos a lo que perciben nuestros sentidos. Al comer podemos estar atentos al olor y sus matices; a la apariencia visual que tiene la comida (colores, brillo, contrastes); a los sonidos que se producen (el crujiente de una patata frita, abrir un pan recién hecho); al contacto con nuestros dedos (por ejemplo cuando comemos con las manos marisco, pollo, costillas, bocadillos o fruta), ya que recibimos mucha información de ese producto a través del tacto y, cómo no, el gusto, los sabores, la textura, la temperatura, mezcla de sabores, la sensación del paladar al acabar…

Para lograr esta percepción tan *afinada* hemos de evitar distraernos con otros estímulos (móvil, televisión, ordenador). Por eso es recomendable comer en un ambiente tranquilo, sin excesivo bullicio, lejos del móvil y con la televisión apagada para poner toda nuestra atención en lo que comemos. Los padres que tengan hijos adolescentes entenderán bien esta imagen. Mis hijos de 13 y 14 años desayunan, siempre que pueden, enganchados al móvil. Así, no son conscientes de cuántas galletas han tomado o de si han repetido los cereales. En realidad, toda su atención está puesta en la pantalla, no en el plato.

Si estamos atentos al momento presente podremos identificar qué sentimos, qué sensaciones tenemos (a través de los sentidos) y qué pensamos. Cuando comemos con conciencia nos damos cuenta de cómo funcionan los pensamientos en el acto de comer. Por ejemplo, hay pensamientos que nos crean ansiedad al comer (*esto va a ser poco, me voy a quedar con hambre*). Otras veces los pensamientos nos llevan al mundo del deseo (*ojalá tuviera mi plato favorito aquí, le podía echar mayonesa, y de postre ¿qué me tomo?*). Estos pensamientos nos sacan del momento presente y nos alejan de la posibilidad de vivir y disfrutar ese momento con la comida real que tenemos en el plato.

La conciencia y la atención también deben ejercitarse en el ritmo, la velocidad a la que comemos, la cantidad de veces que masticamos… Comer sano es comer lento. Cuando uno come lentamente está poniendo especial cuidado a su estado de calma, mastica al menos 20 veces cada bocado y destierra comer como un pavo, comer cruzando una calle o mirando sin parar el reloj. Es un momento de calma, de conectar con uno mismo, de disfrutar el presente.

También podemos poner la atención plena en el momento de elegir qué comemos ese día. Podemos decantarnos por alimentos que hagan sentirse bien a nuestro cuerpo o, por el contrario, elegir el plato a golpe de impulso o lo primero que nos entra por los ojos. Comer conscientemente es estar atentos a las señales de nuestro cuerpo físico (hambre y saciedad) y respetarlas. Comer con atención plena nos ayudará a simplificar el acto de comer (y solo comer) y a quitar muchas ansiedades que se desencadenan cuando entra la comida en juego.

Comer sano es disfrutar de la comida y su preparación

Descubrirás a una persona sana en el manejo de la comida cuando la veas comer y disfrutar. A algunas personas la comida les provoca rechazo, aburrimiento, indiferencia o total desinterés. Para otras es una obsesión, y para aquellas que tienen algún trastorno de la alimentación se convierte en una tortura (por no poder controlarse al comer o por tener que obligarse a comer sin ningún apetito). Conozco a una persona que siente auténtico aburrimiento por la comida. Su nevera está triste y vacía casi siempre. La comida y la preparación de la misma no ocupa lugar en sus pensamientos y con frecuencia se olvida de comer por pura indiferencia.

En el extremo opuesto se encuentran las personas que solo hablan de comida. Seguramente os venga a la cabeza alguna persona de este tipo. Su conversación gira en torno a lo que comieron en aquel restaurante o en aquella excursión o a lo que comerán mañana o en la próxima salida. Ciertamente, estas personas disfrutan de la comida y su preparación, pero yo diría que en exceso. Su única fuente de placer parece ser la comida. Muchas personas a las que acompaño en la consulta me dicen que la comida es lo que único que disfrutan, lo único que les hace sentir bien, su única recompensa al final del día. «*Comer es lo que más placer me da en la vida*» me dicen.

No me cabe ninguna duda de que comer es un placer y que la persona con una relación sana con la comida disfruta con ella. Pero no puede ser ese el único placer de nuestra vida. Debemos enriquecer la lista de placeres que tenemos para que no recurramos siempre a la comida. Diversos estudios científicos concluyen que estar sanos físicamente y tener una relación sana con la comida nos produce bienestar y felicidad. Intentemos que la comida no sea el único placer que nos haga sentir felices.

 Una relación sana con la comida se basa en el equilibrio entre nuestras necesidades físicas y emocionales y la capacidad de disfrute con la comida. Es decir, contemplar la comida como algo necesario en la vida que nos aporte energía para movernos, pensar y sentir y al mismo tiempo, como un placer a disfrutar.

Comer sano es un acto de autocuidado, de amor y cuidado a la familia

En la cultura mediterránea aprovechamos cualquier ocasión para juntarnos y comer celebrándolo. La hospitalidad es un valor intrínseco en nuestras raíces. No se enseña, se mama desde chiquitos. Rara es la familia que no se junta en el fin de semana a comer. Los padres y abuelos acogen a hijos y nietos en su casa y les muestran su cariño con una buena comida.

Cuando invitamos a alguien a comer a nuestra casa, le estamos dando permiso para que forme parte de nuestro mundo, le abrimos la puerta de nuestra intimidad. Salimos de nuestro círculo íntimo para abrirnos a un nosotros más amplio. Invitar a alguien a comer a nuestra casa es un gesto de cariño hacia esa persona, querer agasajarle (dice el diccionario: «*tratar a una persona con afecto, atención y amabilidad*»). Es un acto de amor y cuidado. Y cuando somos nosotros los invitados sentimos que somos especiales para esa persona y que le importamos. Esa persona cocina y prepara su mesa con cariño para recibirnos.

Seguro que todos apreciamos el cariño y el cuidado que nos brindan nuestros seres queridos en esas situaciones. Pero puede costarnos más ver en el día a día el acto de alimentarnos como una muestra de cariño y autocuidado. Cocinar y comer bien son actos de amor hacia uno mismo y hacia los demás.

Comer desde el autocuidado implica que queremos cultivar nuestra salud física y emocional. Por eso, no tomamos alimentos que no nos sientan bien, comemos despacio y respetamos el ritmo del cuerpo. Además, las personas sanas no son rígidas en sus principios y no sienten culpa o sufrimiento si comen algo menos sano. Recuerdo a un padre que tenía unos principios inamovibles sobre la alimentación de sus hijos y nos les dejaba tomar leche ni chocolate. Nunca, bajo ningún concepto. Esa actitud tan rígida provocó en ellos el efecto contrario y en cuanto salían de casa tomaban gran cantidad de leche y chocolate.

Comen sano aquellos que escuchan al cuerpo y sus señales. Se informan sobre nutrición, pero no se obsesionan. En una palabra, disfrutan.

 Te propongo 4 pautas para practicar esto de comer desde el cariño y el autocuidado.

1. *Para chequear desde dónde estamos comiendo, pregúntate:*

   o ¿Me sienta bien?
   o ¿Es lo mejor que puedo darme?
   o ¿Lo necesito ahora?

Hay alimentos que nos gustan mucho pero no nos sientan bien. En mi caso es el café. Me encanta, pero mi estómago se lamenta cada vez que abuso de él. Si tomara

3 cafés diarios, estaría maltratando a mi cuerpo. Así que, tratando de cuidarlo, me limito a uno por la mañana.

La segunda pregunta precisa un poco de explicación. Con frecuencia recortamos presupuesto en la compra semanal y apostamos por productos de poca calidad. En cambio, no siempre llevamos ese control presupuestario en otras áreas de nuestra vida. Si fuéramos conscientes de lo importante que es comer bien, trataríamos de comprar productos frescos y de más calidad, dándonos lo mejor, dentro de nuestras posibilidades económicas.

La pregunta «¿lo necesito ahora?» tiene que ver con conductas de comer por impulso, por capricho… A veces, no nos paramos a pensar si necesitamos ese pastel o repetir de lasaña; simplemente lo hacemos porque nos apetece, ignorando nuestro bienestar físico. Si hemos comido hace poco, si nos sentimos satisfechos al acabar, está claro que no lo necesitamos. Cuando repetimos o nos tomamos un postre contundente después de una buena comida, no estamos cuidando a nuestro cuerpo; no lo tratamos con cariño. Le sobrecargamos con una digestión muy pesada, le obligamos a utilizar mucha energía para procesar todo lo que hemos comido.

2. *Pon atención a lo que comes cuando estás solo*

Normalmente nos da pereza prepararnos algo elaborado solo para uno y, así, cuando estamos solos comemos de pie, nos preparamos un sándwich o picamos lo primero que pillamos… Anímate a cocinarte rico, prepárate el plato y la mesa con cariño como si fueras a tener un invitado. Aplícate el mismo cariño y cuidado que darías a una persona a la que quieres mucho. Se amoroso contigo mismo.

3. Agradece la comida que tienes delante y a quien te la ha preparado

Cocinar es un acto gratuito y generoso. Como decíamos antes, es una muestra de entrega. Por eso tiene mucho sentido la oración inicial de bendición de la mesa que hacemos los cristianos. Es una manera de agradecer al cocinero, a la Vida, a Dios, el regalo de disfrutar de una buena comida. Cada uno, desde su orientación religiosa o existencial puede pararse un momento a reflexionar sobre lo afortunados que somos por tener comida todos los días.

Además, ese pequeño gesto, nos pone en disposición para comer con atención. Vivir el momento de la comida como si celebráramos un rito, nos ayuda a darle más solemnidad al acto, a poner más atención y cuidado en él. Y nos aleja, por tanto, de comer como autómatas o desordenadamente.

4. Rodéate de personas que comen por y con amor, no por el culto al cuerpo

Dice el refrán «dime con quién andas y te diré quién eres». La compañía de la que nos rodeamos, las amistades que frecuentamos, dicen mucho de nosotros. También en el comer, si nos relacionamos con gente que solo come comida basura o no le da importancia a la salud, terminaremos adquiriendo esos mismos hábitos. Observa a tu alrededor qué personas cercanas comen con calma, cuidan el acto de comer, eligen y preparan con cariño la comida y arrímate a ellas.

Me viene a la memoria el caso de Paloma que tenía 37 años y una niña de 18 meses cuando llegó a consulta. En cuanto empezó a hablar de su relación con la comida y cómo se sentía con tantos kilos encima comenzó a llorar. Durante las fiestas familiares y Navidades se descontrolaba. Cada vez que iba a su pueblo a visitar a su familia, volvía atiborrada de comida. Esa oferta de comida tan amplia le hacía estar desatada. Muchas noches, cuando la niña estaba ya acostaba, tomaba mucho dulce a pesar de que no le gustaba especialmente.

En las siguientes sesiones comenzó a hablar de la culpa que sentía por no estar cuidando a su madre. Tenía jornadas maratonianas en el trabajo, recogía a la niña de la guardería y seguía trabajando en casa y además ¡se culpaba por no vivir en la ciudad de su madre para cuidarla! Paloma estaba exhausta y sobrepasada por su situación vital. Había elegido con ilusión ser madre soltera y ahora sentía que no podía con todo. ¡Llevaba 18 meses sin separarse de la niña!

Este caso reúne muchas características de una relación poco sana con la comida, ya que Paloma no respetaba las señales de saciedad que le enviaba su cuerpo y se descontrolaba comiendo más de la cuenta en las reuniones familiares. Además, comía de manera emocional: cuando sentía culpa por no cuidar de su madre, comía; cuando llegaba sobrepasada a casa, comía; cuando se sentía sola y sin apoyos, comía. El autocuidado había sido suprimido de su vida: no tenía tiempo para sí misma, no se cocinaba de manera saludable ni hacía ejercicio con frecuencia.

Lo primero que trabajamos en las sesiones con Paloma fue el darse cuenta. Tener conciencia de qué sentía, de lo que estaba pasando. Reconocer que estaba agotada la alivió y le permitió dar el primer paso: pedir ayuda y dejarse ayudar. Paloma no tenía familia cerca, pero tenía amigos y vecinos que se habían brindado en numerosas ocasiones para cuidar de la niña. Aceptó la ayuda y pudo descansar alguna tarde entre semana, hacer la compra tranquila, retomar el ejercicio físico… Incluso ¡fue a una fiesta!

Tuvo que luchar contra su sentimiento de culpa cada vez que dejaba a la niña con algún amigo, pero, a cambio, empezó a organizarse mejor, a cocinar rico y sano y a disfrutar de la comida. El trabajo fundamental se centró en recuperar la relación compasiva consigo misma, sin reprocharse ni fustigarse. Fue perdiendo peso poco a poco y en las visitas familiares logró tener bajo control los empachos y atracones. Y lo que es más importante, volvió a sonreír y disfrutar de su vida.

Comer sano es cuidar el medioambiente

Tener una relación sana con la comida implica no despilfarrarla. Estudios de la FAO (Organización de Naciones Unidas para la Alimentación y la Agricultura) demuestran que tiramos un tercio de la comida que producimos. Un estudio del Ministerio de Agricultura del año 2016 arrojaba otro dato escandaloso: solo el 18,9 % de los hogares españoles consume el total de la cesta de la compra. Eso significa que el 81 % restante desperdicia. Tiramos comida en nuestras casas, en restaurantes y comedores de colegio, en supermercados, e incluso en tierras de cultivo. No solo malgastamos la materia prima, también tiramos a la basura toda el agua que ha precisado para crecer y desarrollarse. Tiramos por tierra el esfuerzo de los productores y la energía empleada en recolectarla y transportarla hasta nuestra casa.

Además, tirar comida contamina, porque hay que procesar, reciclar e incinerar toda esa basura y esto supone un gasto económico y ecológico enorme. La basura acumulada produce gases de efecto invernadero muy contaminantes. Cuando malgastamos comida estamos dejando una huella ecológica importante. La huella ecológica es el rastro que dejamos en gasto energético y de recursos naturales cuando despilfarramos comida. Dejamos huella de carbono porque la producción, transporte y manipulación de alimentos generan una gran cantidad de gases de efecto invernadero.

Tirar comida supone dejar también una huella hídrica, ya que utilizamos de forma masiva el agua para regadíos y para dar de beber al ganado. Por último, dejamos una huella en la tierra. La deforestación está ocasionada, entre otras razones, por la transformación de bosques en suelo agrícola. Se calcula que el 28 % de la tierra está destinada al cultivo. Para ampliar información podéis acudir al estudio que hizo la FAO en 2013 «Huella del desperdicio de alimentos: impacto en los recursos naturales».

En cambio, cuando comemos sano consumimos productos frescos no procesados y esto supone un gasto mucho menor en plásticos, envases, bolsas… que contaminan tanto el medioambiente, no se descomponen hasta pasados muchos años y, con demasiada frecuencia, terminan en el fondo del mar. Además, cuando compramos productos de nuestra zona, estamos fomentando el mercado local.

Cuando nos acostumbramos a tomar frutas y verduras de temporada, estamos respetando los cultivos de cada estación y generalmente los productos de nuestra zona. Respetamos los ciclos estacionales de la naturaleza y no forzamos a los agricultores a usar cámaras de conservación (con un alto gasto energético) o a importar frutas exóticas de la otra punta del mundo (lo que genera un coste enorme de logística y distribución).

Esto también podría llevarnos a consumir productos de comercio justo. Estos alimentos son respetuosos con el entorno en que se cultivan, respetan las condiciones laborales de quienes los producen y tienen una gran calidad. Así que tratar de comer sano también implica tener el deseo de conocer mejor la procedencia de estos productos, su modo de cultivo… Nos convierte en consumidores informados, responsables y respetuosos con el medio ambiente.

Capítulo 2

Comer bien

Comer bien en casa es uno de nuestros propósitos como padres. A veces no sabemos bien qué pautas seguir, ya que nos bombardean con noticias, publicidad y consejos que no siempre coinciden. Para comer bien hemos de tener unas nociones básicas de nutrición. En este capítulo repasaremos algunos conceptos clave para alimentarnos de manera sana e incluiremos algunas estrategias para enseñar a los niños estas nociones. Yo abogo por la dieta mediterránea como modelo de nutrición sano y equilibrado. En mi opinión, dieta mediterránea es sinónimo de comer bien; es decir: comer de todo, bien balanceado y *abusando* de productos frescos y poco procesados.

En 2008 nació la Clínica de Nutrición y Adelgazamiento Medicadiet. En este proyecto nos embarcamos nutricionistas, endocrinos de reconocido prestigio y psicólogos. Durante todos estos años hemos ido asesorando a personas que tienen sobrepeso y dificultad para controlar sus impulsos al comer. Las bases en las que nos apoyamos son la dieta mediterránea y el método por intercambios.

Un intercambio de alimento es una medida de valor calórico ingerido. Es decir, un intercambio es una unidad de medida para poder calcular, por ejemplo, cuantas proteínas o frutas hemos comido en un día. Cuando una persona sigue un plan de adelgazamiento en Medicadiet aprende a calcular los intercambios de alimentación que debe comer. Así no hay menús cerrados, sino que cada persona toma decisiones autónomas sobre su alimentación y no depende continuamente de su nutricionista.

Se incluyen todos los grupos de alimentos, distinguiendo entre hidratos de carbono, proteínas, grasas, lácteos, frutas y verduras. El método por intercambios balancea dieta, ejercicio físico y motivación y con constancia se logra un cambio de hábitos real y sostenible. Las personas que pasan por Medicadiet aprenden a comer bien y como consecuencia de ello, pierden peso.

Yo soy una convencida de este método porque es sensato (no hay lugar para restricciones ni «productos milagro»), equilibrado y se mantiene fácilmente en el tiempo. Yo les digo a mis pacientes que no están a dieta. Están aprendiendo a comer, y lo podrán hacer así el resto de su vida. Por tanto, no estamos contando los días para acabar la dieta, sino que lo incorporamos a nuestra manera de comer. Y doy fe de que estas personas siguen comiendo ordenadamente muchos meses después.

Para tener claro si comemos bien, debemos tener en cuenta las reglas básicas que fundamentan una buena alimentación.

Las tres reglas básicas para una buena alimentación

Hay tres reglas básicas que se dan en una buena alimentación: comer variado, equilibrado y cinco veces al día.

Comer variado

Comer sano es comer de todo. Todos los grupos alimenticios han de estar incluidos en nuestra dieta. Hemos de comer verduras, frutas, hidratos de carbono, grasas, proteínas y lácteos. Pero comer de todo teniendo en cuenta que unos alimentos son mejores que otros. En la tabla que presentamos a continuación, podemos ver los principales grupos de alimentos divididos en bloques. En la columna de la derecha vemos la frecuencia de consumo recomendada, es decir cuánto debemos tomar de este alimento al día o a la semana. Vamos a verlo mejor con un ejemplo.

El primer bloque corresponde a los hidratos de carbono. A pesar de que pertenezcan al mismo grupo de alimentos, la tabla nos recomienda tomar pan integral una vez al día y en cambio las galletas «María» solo dos veces por semana. Los dos grupos siguientes corresponden a frutas y verduras y su consumo recomendado es 2-3 veces al día, salvo algunas frutas (higos, dátiles, uvas) que tienen mucho azúcar y se recomienda un uso ocasional.

La frecuencia de consumo de estos alimentos está indicada para la mayoría de la población, pero siempre hay que tener en cuenta las particularidades de cada persona. Así la recomendación de cantidades cambia en función del peso, la masa muscular o la actividad física de cada persona. Por ejemplo, será recomendable una mayor cantidad de carbohidratos para un deportista que para una persona sedentaria o con obesidad.

La recomendación básica es que tomemos a diario: pan o cereales integrales, verduras de hoja, 3 frutas, 1 vaso de leche, 1 yogurt, 2 raciones de proteína (alternando carnes blancas, pescado y huevos) y 2-4 cucharadas de aceite de oliva.

Tabla de Grupos de Alimentos y Frecuencia de Consumo

HIDRATOS DE CARBONO	Frecuencia de Consumo	HC
• Pan Integral • Cereal Integral • Avena	≥ 1 Toma / Día	
• Pan Blanco	≤ 1 Toma / Día	
• Pasta • Arroz • Maíz • Quínoa, Cuscús (otros cereales)	≤ 4 Tomas / Semana	
• Patata	1 - 3 Tomas / Semana	
• Legumbres: Lentejas, Garbanzos, Judías, Alubias • Guisantes	3-5 Tomas / Semana	
• Pan de Molde • Pan Tostado	Ocasional < 1 Toma / Día	
• Galletas (María, Digestive u otras) • Cereales de desayuno o Barritas (Azucarados) • Tortas de arroz o de maíz	< 3 Tomas / Semana	
• Azúcar • Mermelada, Miel • Dulces, Chocolate, Bollería y Derivados	Evitar Consumo	

VERDURAS	Frecuencia de Consumo	VE
• Acelgas, Berros, Canónigos, Cardo, Endivias, Escarola, Espinacas, Grelos, Lechuga. • Apio, Berenjena, Brócoli, Calabacín, Champiñones, Col, Coliflor, Espárragos, Pepinos, Pimiento Verde, Pimiento Rojo, Puerros, Rábano, Setas, Tomates.	Hoja y/o Cruda ≥ 1 Toma / Día	
• Judías verdes, Lombarda, Nabos, Alcachofas, Coles de Bruselas, Zanahorias, Cebolla, Cebolleta, Remolacha, Calabaza	2-4 Comidas o Cenas Semana	

FRUTAS	Frecuencia de Consumo	FR
• Arándanos, Frambuesas, Fresas, Fresones, Grosellas, Mora, Granada, Guayaba, Lima, Pomelo Grosella, Limón • Melón, Sandía, Albaricoques, Ciruelas, Mandarinas, Piña, Manzana, Pera, Melocotón, Naranja, Papaya, Kiwi, Nectarina	> 3 Intercambios FR / Día	
• Maracuyá, Membrillo, Mango, Cerezas, Uvas, Higo, Níspero, Plátano, Chirimoya, Caqui, Tamarindo	< 4 Tomas / Semana	
• Higo Seco, • Dátiles, Orejones, Uvas Pasas • Zumo de Frutas Natural	Consumo Ocasional < 2 Tomas / Semana	

LÁCTEOS	Frecuencia de Consumo	LA
• Leche Semidesnatada o Desnatada • Leche sin Lactosa • Bebidas vegetales: Soja o Avena • Leche en Polvo	1-2 Tomas / Día	
• Yogures Naturales, o Desnatados • Postres lácteos fermentados y Kéfir	≥ 1 Toma Día	
• Queso de Burgos • Queso de Burgos Desnatado	< 3 Tomas / Semana	
• Yogures Azucarados y/o Griegos • Postres Lácteos Azucarados	Evitar Consumo	

	PROTEÍNAS	Frecuencia de Consumo	PR
Magros	• Jamón Cocido o Pechuga de Pavo	< 5 Tomas / Semana	
	• Aves: Pollo, Pavo	2-3 Tomas / Semana	
	• Conejo, Liebre		
	• Carnes Rojas: Ternera, Buey	1-2 Tomas / Semana	
	• Carne de cerdo magra: *Lomo, Solomillo*		
	• Jamón Serrano o Ibérico	≤ 2 Tomas / Semana	
	• Pescado Blanco: *Merluza, Pescadilla, Gallo, Bacalao, Lubina, Dorada, Lenguado, Mero...*	2-4 Tomas / Semana	
	• Huevo	3-5 Huevos / **Semana**	
	• Marisco: *Gambas, Langostinos, Mejillones, Almejas, Berberechos, Pulpo, Sepia, Calamares, Cangrejo*	1-2 Tomas / Semana	
Grasos Insaturada	• Frutos Secos	3-7 Puñados / **Semana**	
	• Pescado Azul: *Atún, Bonito, Sardinas, Salmón, Emperador, Boquerones, Anchoas, Trucha*	2-3 Tomas / Semana	
Conservas y Sucedáneos	• Pescado Azul, Marisco, Surimi y Gulas	*Ocasional* < 2 Tomas / Semana	
Grasos Saturada	• Queso Semicurado y Curado	≤ 2 Tomas /Semana	
	• Cordero o Cerdo	*Evitar Consumo*	
	• Embutidos y derivados: *Bacón, Chorizo, etc.*		

	GRASAS	Frecuencia de Consumo	GR
Grasas Insaturadas	• Aceite de Oliva (Grasa de Elección) *Preferiblemente Virgen Extra*	2 - 6 Intercambios GR/ **Día**	
	• Aceitunas	≤ 4 Tomas / Semana	
	• Aguacate		
	• Aceite de Girasol		
Grasas Saturadas	• Mantequilla, Nata	*Ocasional* < 2 Tomas / Semana	
	• Mahonesa		
	• Margarina		

 Te propongo un ejercicio: para que podamos valorar si nuestro menú diario es variado. Vuelve a leer la lista anterior de alimentos y señala aquellos que nunca están en tu dieta. Puede que nunca comas quinoa, cardo o arándanos. Puede que no varíes mucho de pescado y termines comiendo siempre salmón o merluza. Esto nos puede indicar que nuestra lista de alimentos es algo reducida. Anota los alimentos que nunca o casi nunca tomas. ¿Podrías introducir 1 o 2 cada mes en tu menú familiar?

 Otra alternativa: trata de recordar todo lo que comiste hoy. Anótalo y coteja con la columna de la derecha si son alimentos recomendados a diario o hay demasiados de consumo ocasional. Así podremos saber si comes a diario productos frescos y sanos o abusas de alimentos muy grasos o poco nutritivos.

Los principales grupos de alimentos son 3:

a) Proteínas

Están presentes fundamentalmente en alimentos de origen animal: carnes, pescados, mariscos, huevos. Lo recomendable es no abusar de carnes rojas. Sería mejor descantarse por pescado blanco y azul (3-4 veces por semana), carnes blancas (pollo, pavo), lácteos y huevos. Existen otros alimentos que contienen proteínas de origen vegetal: frutos secos, legumbres (fundamentalmente aportan carbohidratos, pero también proteína).

En alimentos ricos en nutrientes la proteína suele venir acompañada de grasa, por eso siempre será más saludable (además de más sostenible) decantarnos por las proteínas de origen vegetal, presentes en legumbres, frutos secos o algunas semillas. En cuanto a las proteínas de origen animal, el pescado, tanto blanco como azul, nos aportará grasas saludables.

¿Qué pasa si no tomamos suficientes proteínas?

En países desarrollados no hay deficiencia de proteínas –también conocida como desnutrición proteica–, pero en países en vías de desarrollo que sí la padecen, presentan fatiga, edema, diarrea e incapacidad para aumentar de peso, crecer y desarrollarse, entre otros síntomas.

El cuerpo humano se compone en un 20 por ciento de proteínas y juegan un papel clave en casi todos los procesos biológicos. Las proteínas son necesarias para formar y mantener los músculos, células, órganos internos y huesos. Además, son las encargadas de transportar la grasa. Las proteínas también reparan problemas musculares y óseos. Así que si no hubiera suficiente cantidad de proteínas en nuestra dieta todas estas estructuras corporales se verían afectadas y notaríamos una pérdida de vitalidad y energía.

b) Hidratos de carbono

A pesar de la *mala fama* que tienen, son imprescindibles en una dieta equilibrada ya que nos aportan energía y nos sacian. Si no consumimos suficiente carbohidrato podremos tener una hipoglucemia o el clásico «bajón de azúcar» y terminaremos recurriendo al consumo de azúcar para combatirlo. Los carbohidratos están presentes en: cereales, pan, pasta, arroz, legumbres, frutas, verduras y lácteos. Deberían constituir aproximadamente el 50 % de la ingesta diaria.

Es aconsejable tomar carbohidratos integrales ya que, a mayor cantidad de fibra, la absorción será más lenta y tendremos sensación de plenitud durante más tiempo. Además, los alimentos integrales sientan mejor a nuestro aparato digestivo, mantienen nuestra microbiota estable y contribuyen a retrasar la absorción de glucosa y grasa. Tener un buen control de estos niveles previene la diabetes y la hipercolesterolemia, entre otras enfermedades crónicas. Dentro del grupo de los carbohidratos se encuentran también los azúcares, dulces, y productos procesados con azúcares añadidos. Estos productos deberíamos consumirlos de manera esporádica, nunca a diario.

¿Qué pasa si no tomamos suficientes hidratos de carbono?

Con mucha frecuencia las personas que quieren perder peso eliminan de su dieta alimentos ricos en hidratos de carbono como la pasta, el arroz, la patata o las legumbres. Cuando el organismo no recibe los hidratos que necesita, «tira» de las reservas que tiene en el hígado y en el músculo y la pérdida de peso no es de grasa, sino muscular. Además, la eliminación de hidratos de carbono en nuestra dieta suele ir acompañado de un aumento de ingesta de proteínas; ambas terminan produciendo: estreñimiento (por la falta de fibra), halitosis, calambres musculares o dolores de cabeza.

c) Grasas

Existen grasas de origen animal y otras vegetales. La grasa es necesaria para un correcto funcionamiento de nuestro cuerpo, pero no debemos abusar de su consumo ya que en exceso puede suponer un aumento de peso. Las grasas más saludables se encuentran en el aceite de oliva, aguacate, frutos secos, la grasa del pescado y el aceite de girasol. La importancia del consumo de grasas insaturadas, como las que acabamos de enumerar, en la prevención de enfermedades cardiovasculares y diabetes es clave, por eso el aceite de oliva es uno de los pilares de la dieta mediterránea.

¿Qué pasa si no tomamos suficiente grasa?

Uno de los efectos más notables es el estreñimiento, que mejora rápidamente al aumentar, por ejemplo, el consumo de aceite de oliva en crudo.

La grasa nos aporta energía y tiene una función estructural ya que forma membranas y participa en la síntesis de algunas hormonas. Es, además, el medio de transporte de las vitaminas llamadas liposolubles, A, D, E y K. Por ello, si nuestra dieta es baja en grasas, la absorción de estas vitaminas puede verse afectada.

 Cuando comemos gran variedad de alimentos, y en adecuada proporción, estamos aportando a nuestro organismo los nutrientes que necesitamos y mejoraremos nuestro estado de salud. Si nuestra dieta es rica en verduras, frutas, cereales integrales y frutos secos estaremos contribuyendo a la prevención de numerosas enfermedades crónicas.

La variedad de alimentos asegura un adecuado aporte de fibra, vitaminas, minerales y tipos de grasas. Por eso también debe ser personalizada; por ejemplo, cuando tenemos niveles bajos de hierro hay que aumentar el consumo de ciertos mariscos como almejas, berberechos y carnes rojas. También hay que personalizar el consumo de ciertos alimentos, el orden de las tomas y las cantidades, en caso de problemas digestivos tan comunes como estreñimiento y distensión abdominal o gases abdominales, que suponen una disminución en la calidad de vida importante, y que incluso pueden derivar en patologías digestivas.

En nuestra compra semanal no solemos salirnos del *ABC*. Sería buena idea traer de vez en cuando a casa alimentos nuevos o poco conocidos, comprar los productos de temporada y cocinar de diferentes maneras. De esta manera nos aseguraríamos de tener, además de una dieta más sana, mucho menos aburrimiento en nuestros menús.

Comer equilibrado

Comer de todo no es sinónimo de comer la cantidad que uno quiera. Lo ideal es que tanto en la comida como en la cena incluyamos verduras, y luego añadamos un acompañamiento de hidratos de carbono y en menor proporción de proteínas.

EL PLATO PARA COMER SALUDABLE

Use aceites saludables (como aceite de oliva o canola) para cocinar, en ensaladas, y en la mesa. Limite la margarina (mantequilla). Evite las grasas trans.

ACEITES SALUDABLES

AGUA

Tome agua, té, o café (con poco o nada de azúcar). Limite la leche y lácteos (1-2 porciones al día) y el jugo (1 vaso pequeño al día). Evite las bebidas azucaradas.

Mientras más vegetales y mayor variedad, mejor. Las patatas y las patatas fritas no cuentan.

VEGETALES

GRANOS INTEGRALES

Coma una variedad de granos (cereales) integrales (como pan de trigo integral, pasta de granos integrales, y arroz integral). Limite los granos refinados (como arroz blanco y pan blanco).

PROTEINA SALUDABLE

Coma muchas frutas, de todos los colores.

FRUTAS

Escoja pescados, aves, legumbres, y nueces; limite las carnes rojas y el queso; evite la panceta ("beicon"), carnes frías (fiambres), y otras carnes procesadas.

¡MANTÉNGASE ACTIVO!

Vamos a ver más despacio este gráfico basado en recomendaciones de Harvard Medical School. Nuestro plato ideal debería constar de un 50 % de frutas y verduras, 25 % de carbohidratos y 25 % de proteínas. A este plato deberíamos añadirle un buen vaso de agua (dejando para consumo ocasional zumos, bebidas con gas y azucaradas y alcohol) y 3-5 cucharadas de grasa en forma de aceite oliva virgen extra preferentemente. Esta grasa puede usarse para cocinar o aliñar las ensaladas o tostadas. Deberíamos evitar margarinas, mantequillas y grasas *trans* presentes en aceite de palma, bollería, platos precocinados, etc.

Volvamos a nuestro plato y el 50 % de verduras y frutas. Cuanta más variedad de verduras introduzcamos, mucho mejor. Las patatas y los guisantes no se pueden considerar verduras y forman parte de los hidratos de carbono y proteínas vegetales respectivamente. En el caso de la fruta, sería deseable tomar 3 piezas de fruta al día de todos los colores.

En cuanto a nuestra porción de hidratos de carbono elegiremos preferiblemente los integrales (pan, pasta, arroz, cereales). La proteína ha de ser saludable por lo que comeremos ocasionalmente las carnes rojas (ternera, cordero), queso y embutidos. Escoge pescados (blancos y azules), aves, huevos y legumbres. Estas últimas nos aportan proteínas vegetales.

Nos detenemos ahora en la pirámide de alimentación saludable que recomienda la Sociedad Española de Nutrición Comunitaria. En ella observamos que deberíamos consumir fruta de postre en comida y cena o entre horas, como mínimo 3 piezas diarias.

El consumo de grasa como hemos dicho anteriormente es imprescindible siempre que la grasa de elección sea aceite de oliva, pero evitando fritos, rebozados o salsas, es decir, con moderación. Una referencia de consumo de aceite de oliva para una dieta equilibrada es de 4 a 6 cucharadas soperas diarias. Hay alimentos que debemos incluir en nuestro menú de manera ocasional, ya que no son saludables, como los quesos curados o los embutidos grasos. Ya hemos hablado también del consumo esporádico de azúcares, dulces, bebidas azucaradas y bebidas alcohólicas.

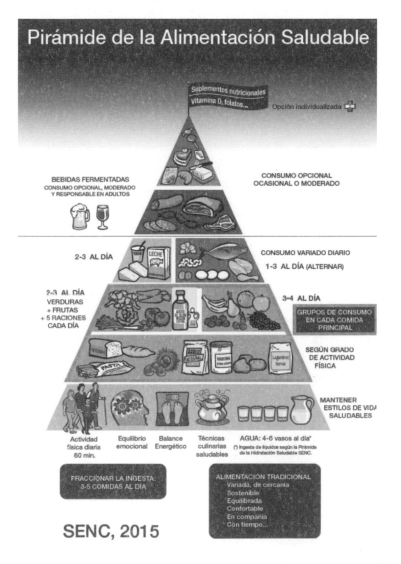

Hasta aquí no hay nada novedoso en la pirámide. Me gustaría que nos parásemos a observar la parte baja de la pirámide porque curiosamente en ella no encontramos comida ni alimentos. Nutricionistas y endocrinos insisten en que la dieta saludable no se compone solo de comida, hay otros hábitos que contribuyen a llevar un estilo de vida saludable. Así encontramos que la parte más ancha de la pirámide está formada por: actividad física diaria, equilibrio emocional, balance energético, técnicas culinarias saludables y 4-6 vasos de agua.

El equilibrio emocional quiere decir que para llevar una vida sana debemos tener en cuenta las necesidades emocionales que tenemos y tratar de satisfacerlas (lo veremos detenidamente en el capítulo dedicado a «La comida y las emociones»). El balance energético tiene que ver con el gasto energético que tenemos unido al consumo de alimentos que hagamos. Por ejemplo, un deportista o un niño tienen un gran gasto energético y por ello deberán tener tomar más hidratos de carbono que una persona mayor con una vida muy sedentaria. Otra de las recomendaciones saludables es que utilicemos técnicas de cocina adecuadas; esto es: hervir, hacer a la plancha o cocinar en el horno en lugar de habituarnos a fritos, rebozados o guisos con mucha grasa.

Y, por si fuera poco, nos añaden un cuadro azul en el que insisten en comer 3-5 veces al día y en la cocina tradicional, variada, de cercanía, sostenible, equilibrada, confortable, en compañía y con tiempo. Comer sano es comer despacio, acompañados, en un buen ambiente y con productos frescos de nuestra zona. ¡Ahí es nada!

Comer cinco veces al día

La gran mayoría de las personas adultas solo hacemos 3 ingestas al día. Sin embargo, a nuestros hijos les damos

5 comidas al día. Consideramos que necesitan un pequeño almuerzo a media mañana en el cole y una merienda
al volver a casa. Entonces, ¿por qué abandonamos este
hábito tan saludable al hacernos mayores? En los muchos
casos que he visto con este mal hábito, la razón principal
era porque tendemos a asociar que comer 5 veces al día
nos hace engordar. Nada más lejos de la realidad.

Cuando introducimos 2 tentempiés saludables a lo largo del día, evitando alimentos azucarados o grandes cantidades de comida entre horas, estamos evitando bajadas
de glucosa en sangre y mantenemos nuestro metabolismo
activo. Mantener el equilibrio glucémico nos aporta sensación de saciedad y hace que controlemos mejor las comidas
principales. Así, no llegaremos hambrientos a la comida o
la cena y podremos controlar mejor la cantidad de alimento
que ingerimos en las comidas principales del día.

No obstante, cada persona es diferente. Tendremos que
valorar en cada caso si hacer 5 tomas al día es conveniente, dependiendo de su nivel de saciedad y la necesidad de
energía en función del gasto que tenga la persona y los horarios que lleve. Por ejemplo, si desayunamos muy temprano, debemos introducir un tentempié a media mañana. Si
comemos tarde y cenamos temprano, a lo mejor podemos
eliminar la merienda y tomar un yogur o una fruta un poco
antes de irnos a dormir para que el estómago no esté sin
trabajar durante tantas horas y para que no nos despertemos
a medianoche hambrientos. Se trata de comer cada 3 horas
aproximadamente.

Una buena organización ayuda mucho

Para comer sano y ofrecer un menú saludable a nuestra familia hace falta tener ingredientes frescos de calidad antes

de empezar a prepararlos. Y esto requiere una buena organización en el día a día. El ritmo acelerado que llevamos hace que lleguemos a casa tarde tras una jornada larga de trabajo y nos plantemos frente a la nevera preguntándonos: ¿qué hago ahora de cena? A esas alturas, probablemente no tengamos gran cosa y tiraremos de comida rápida, precocinada y poco equilibrada.

Generar nuevos hábitos supone invertir, al menos en el primer mes, tiempo y energía para hacerlo posible. Si hemos decidido empezar a comer mejor en familia, tendremos que poner un poco de esfuerzo extra para hacer las cosas de diferente manera. Pero este cambio no debe recaer en una sola persona; hay que repartir funciones para que todos participen. Uno puede encargarse de hacer la lista y otro de comprarla; puede haber un encargado de pensar el menú semanal y otro de colocar la compra en la despensa, etc. La organización no puede depender de una sola persona. Para que las cosas funcionen en casa debemos distribuir las tareas. Así, todos estaremos implicados en la marcha y valoraremos lo que otros hacen por nosotros. Además, lograremos mejores resultados (una compra bien hecha, un menú variado) porque cuatro personas ven mucho más que una.

A continuación, os voy a dar algunas pautas que hemos comprobado que funcionan y ayudan en nuestra organización diaria.

a) Cómo comprar

Comprar bien es un arte. Las grandes superficies nos tienen muy estudiados y saben colocar estratégicamente *alimentos-tentación* al alcance de la mano. Si compramos sin demasiada atención, podemos descubrir en el carro un montón de alimentos que no necesitamos realmente y que nos *entraron por los ojos*. Así pues, no debemos comprar con la vista, sino con la cabeza.

1. *Elabora una lista cerrada con los alimentos que necesitas para esa semana*

Normalmente compramos casi las mismas cosas todas las semanas. Puedes ahorrar tiempo si elaboras una lista-tipo de compra semanal, así solo tendrás que tachar aquellas que no necesites justo esa semana o añadir alguna que no compras habitualmente. Evitarás hacer la misma lista de la compra cada semana. No obstante, no olvides revisar la nevera y la despensa antes de salir a comprar para evitar duplicar o triplicar productos que luego caduquen y tengas que tirar a la basura.

2. *Intenta ajustarte a la cantidad necesaria*

Las ofertas de 3x2 o tamaño XL solo incitan a comer más. Comprar *por si* viene alguna visita es otro engaño que nos lleva a tener en casa alimentos hipercalóricos que terminamos comiéndonos. El marketing de las grandes superficies busca el consumo excesivo y la acumulación de comida en nuestra despensa para tener más ganancias y nos lo disfrazan con mensajes de ahorro. Seamos clientes con criterio propio que no pican en las promociones, sino que saben lo que necesitan y lo compran.

3. *Acude a comprar sin hambre*

Está comprobado que comprar con el estómago vacío genera compras impulsivas de alimentos hipercalóricos y nada saludables. El hambre impulsa respuestas encaminadas a conseguir comida (en este caso comprar para comer después y saciar el hambre). Por eso, los supermercados utilizan estrategias para despertar nuestro apetito y lograr así que compremos más: olor de pan recién hecho, degustación de un producto, imágenes llamativas de alimentos, etc. Además, con hambre los alimentos parecen más atractivos.

Comprar con hambre provoca que se compre más de todo. Esta es la conclusión a la que llegaron unos investigadores de las Universidades del Sur de California y de Minnesota. Descubrieron que cuando vamos a comprar con hambre podemos comprar hasta un 60 % más de lo previsto (incluso en artículos no alimenticios). La explicación se encuentra en que la sensación de hambre envía al cerebro el mensaje «lo quiero» incluso con productos no alimentarios.

 Por tanto, ya que parece que el hambre y la compra racional no se llevan bien, evitemos que el instinto del hambre decida por nosotros y vayamos con esa necesidad satisfecha. Elige el momento de después de comer o tras la merienda.

4. No lleves a los niños a la compra semanal

Las grandes superficies y supermercados saben que los niños fomentan las compras. Por eso colocan tentaciones constantes a su paso, artículos al alcance de su mano, en el camino de la caja, etc. Saben que los niños son insistentes cuando desean una cosa y nosotros, padres, por el sentimiento de culpa y para que no nos monten un *numerito*, terminamos comprando artículos que no estaban en nuestra lista semanal. Si quieres hacer una compra saludable, proporcionada y organizada para la semana, acude sin niños.

5. Pon conciencia en lo que estás haciendo

Una idea central que podemos entresacar de los consejos anteriores es que si queremos hacer una buena compra deberíamos ir sin distracciones internas (como el hambre) y externas (los niños). Es momento de estar atentos a cada alimento que metemos en el carro. Si tienes duda con algún producto lee la etiqueta para comprobar que no lleva exceso de sal, aceite de palma, jarabe de glucosa, grasas *trans* o hidrogenadas…. A veces los productos *light* contienen más calorías que otros «normales» o ingredientes perjudiciales para nuestra salud. No te fijes solo en las calorías que aporta, mira la composición de la etiqueta y sus nutrientes: hidratos de carbono, proteínas y grasas.

Pon especial atención al contenido en azúcares. La gran mayoría de alimentos como pan de molde, cereales o precocinados los contienen. El pan de molde, tostadas, cereales de desayuno, galletas y snacks para consumir entre horas llevan una gran proporción de azúcares a pesar de que en la publicidad del alimento aparezcan como «saludables» o «naturales». Recuerda que lo más saludable son los productos poco procesados.

También es importante fijarnos en el contenido en grasa. Recuerda que una cucharada sopera de aceite de oliva contiene 10 gramos de grasa. Fíjate especialmente en la proporción de grasa saturada. Evita, en la medida de lo posible, aquellos productos que contengan aceite de palma, grasas *trans* o *grasas vegetales parcialmente hidrogenadas*. Este tipo de grasas son perjudiciales, aumentan el riesgo cardiovascular, las patologías digestivas y se están relacionando con algunos tipos de cáncer.

Por último, es importante fijarse en el contenido en sal o en sodio del alimento, teniendo en cuenta la referencia de que el límite máximo de consumo diario es de 2,2 gramos diarios, y en muchas ocasiones solo una ración de consumo de un alimento ya tiene ese contenido.

Pongamos un ejemplo: fíjate en el etiquetado de una barra de pan integral frente al pan de molde. Es una buena comparativa de un alimento no procesado frente a otro procesado.

	Pan Integral (No procesado)	Pan de Molde Multicereales (Procesado)	Diferencia
Ración de Consumo	40g	Rebanada grande (40g)	=
Kcal	96	100	≈
Hidratos de Carbono	19 g	18 g	≈
De los cuales azúcares	0,4 g	2,8 g	+2,4 g
Fibra	4,2 g	3,5 g	- 0,7 g
Proteína	4,8 g	5 g	≈
Grasas	0,5 g	1,2 g	+ 0,7 g
Sal	0,1 g	1,2 g	+ 1,1 g

En esta tabla podemos apreciar que una rebanada de pan de molde con multicereales contiene muchos más azúcares (2,8 gramos) que un trozo de barra de pan integral (0,4 gramos). También llama la atención la cantidad de sal que tiene la rebanada de pan de molde (1,2 gramos) frente a la de pan integral (0,1 gramos). Así, aunque parezcan productos muy similares, la barra de pan integral presenta mejores valores nutricionales que la de pan de molde. Una vez más, constatamos que los productos poco procesados (pan del día) son mucho más sanos que los otros (pan de molde, biscottes, etc.) ya que a estos últimos les añaden bastantes azúcares, grasas y sal.

 ## El juego de las etiquetas

Como sabemos que este tema de saber leer las etiquetas de los alimentos no es cosa fácil, os propongo un ejercicio para practicar. Está recomendado tanto para padres como hijos.

Saca 5-10 alimentos de la despensa y/o nevera y dile a tu hijo que los ponga en orden, sin mirar las etiquetas, según el nivel de sal que él crea que tienen (también se puede hacer con azúcar, grasa, fibra). A continuación, podéis mirar las etiquetas para comprobar su proporción de sal y modificar el orden de los alimentos si se ha equivocado.

Os sorprenderéis de la que cantidad de sal, azúcar y grasas que llevan los productos procesados y envasados.

b) Organizando la despensa

Otra pequeña destreza a entrenar es la de organizar la despensa y la cocina. No estamos hablando de tener tus armarios muy ordenados, sino de saber colocar en lugar accesible los alimentos sanos para que en los momentos de tentación tiremos de estos y no de los poco saludables. Por ejemplo, si tenemos fruta en la cocina o en la nevera siempre a punto, es más probable que comamos una manzana cuando lleguemos hambrientos a casa que un paquete de galletas.

Trata de colocar en la zona alta de los armarios o de la nevera los productos de consumo ocasional por su alto contenido en calorías y en la zona media los alimentos frescos y sanos de uso diario.

Utiliza tarros opacos para guardar dulces, galletas o snacks. Si no sabes lo que hay dentro, tendrás que tomarte la molestia de abrirlo y eso te generará un mayor tiempo de reacción-reflexión para decidir si comértelo o guardarlo de nuevo y elegir una fruta.

Destierra la idea de comprar aperitivos o picoteo *por si* viene una visita. Comentábamos antes que este autoengaño nos llevará a comérnoslo nosotros tarde o temprano. Si viene una visita ya habrá tiempo de bajar a comprar algo de última hora.

c) *Planificación semanal*

La elaboración de un menú semanal puede darnos mucha pereza, pero, en realidad, cuando tengamos el hábito adquirido no nos llevará más de 10 minutos. Y ¿qué son 10 minutos en toda una semana? Ese pequeño esfuerzo nos generará muchas ganancias y salud para toda la familia.

Si piensas antes de ir a la compra qué vas a necesitar para cocinar tu menú semanal, será mucho más fácil el momento de la preparación y ahorrarás improvisaciones o tentaciones de comida rápida. No olvides incluir en tu lista alimentos sanos para tomar a media mañana o en la merienda.

 Puedes hacer 2-3 menús tipo y así solo deberás ir rotando cada semana. Tendrás tu planificación para toda la temporada.

Para aquellos que se quedan sin ideas al hacer el menú, os propongo un ejemplo de un menú de cinco días para comer en familia, en el que podéis ver los grupos de alimentos en la columna de la izquierda. Como veis, en todas las comidas están presentes todos los grupos de alimentos.

Para no extenderme demasiado, he omitido la grasa que debemos incluir en las comidas y cenas: aceite de oliva. Si el tentempié de media mañana te resulta demasiado copioso o difícil de preparar en tu trabajo, puedes hacer un desayuno más abundante en casa y tomar algo más sencillo luego.

Ejemplo de menú de cinco días

		Día 1	Día 2	Día 3	Día 4	Día 5
Desayuno	LA	Leche	Leche	Leche	Leche	Leche
	HC	Pan integral	Copos de Avena	Pan integral	Pan integral	Cereales integrales
	FR	1 Pieza de fruta	1 Pieza de fruta	1 Pieza de fruta	1 Pieza de fruta	1 Pieza de fruta
Media mañana	LA	Yogur	Leche	Yogur	Leche	Yogur
	HC	Cereales integrales	Pan integral	Pan integral	Copos de Avena	Pan integral
	PR	Frutos secos	Pechuge de Pavo	Jamón cocido		Frutos secos
	FR	1 Pieza de fruta	1 Pieza ce fruta	1 Pieza de fruta	1 Pieza de fruta	1 Pieza de fruta
Comida	VE	Guiso de puerro, cebolla y zanahoria (VER) con lentejas (HC)	Ensalada de verduras: canónigos, tomate y rábano (VER)	Verduras cocidas: coliflor (VER) con garbanzos (HC) y bacalao troceado (PR)	Acelgas cocidas (VER) con patatas (HC) y guarnición de pan integral (HC)	Ensalada de espinacas y pimientos (VER) con pasta (HC)
	HC		Arroz (HC)			
	PR	Lomo/rodaja de Emperador (PR)	Con conejo o pollo (PR)		2º Lomo/Rodaja Salmón (PR)	2º Filete mediano de ternera o buey (PR)
	FR	Postre: fruta	Postre: fruta	Postre: fruta	Postre: fruta	Postre: fruta
Merienda	LA	Leche	Yogur	Queso de Burgos	Leche	Yogur
	HR	Copos de avena	Cereales integrales	Pan integral	Copos de avena	Cereales integrales
	FR	1 Pieza de fruta	1 Pieza de fruta	1 Pieza de fruta	1 Pieza de fruta	1 Pieza de fruta
Cena	VE	Verduras cocidas: brócoli (VER) con patatas (4HC)	Judías verdes (VER) con guisantes y 1 patata (HC)	Ensalada brotes de hoja verde, con tomate y zanahoria rallada (VER) con pasta (HC) y queso fresco de cabra (PR)	Pasta (HC), con ración mediana de almejas o berberechos (PR), con sofrito de tomate y cebolleta (VER)	Salteado de espárragos trigueros (VER) con tacos de jamón ibérico (PR), Gambas (PR) y arroz integral (HC)
	HC					
	PR	Pechuga de pavo (PR)	Lomo/Rodaja de merluza (PR)	Tortilla francesa: huevos (PR)	Pechuga de Pollo (PR), con guarnición de garbanzos (HC)	
	LA	Postre: yogur	Postre: yogur	Postre: yogur	Postre: yogur	Postre: yogur

d) *Cómo cocinar*

Una de las primeras preguntas que hago a una persona en la entrevista inicial de mi consulta es: ¿quién cocina en tu casa? Este dato es importante porque el cocinero (o los cocineros) de casa deberían conocer estos consejos para hacer una dieta saludable para toda la familia.

Cocina con poca grasa. Intenta evitar los fritos y rebozados. Calcula 1,5 cucharas de aceite de oliva por persona en cada guiso. Apuesta por el aceite de oliva frente a mantequillas, natas, bechamel o aceite de girasol. Intenta hacer salsas con verduras en lugar de usar lácteos, quesos, harinas o espesantes.

Comer sano no es sinónimo de comer soso. Si no queremos abusar de la sal ni el aceite podemos valernos del vinagre y el limón para aliñar ensaladas, la pimienta y otras especias para darles nuevos sabores a los platos, caldos caseros de verdura o de carne/pollo para enriquecer tus guisos... ¡Se admiten soluciones creativas!

Hay vida más allá de los fritos. Existen muchas formas de preparar los alimentos: a la plancha, al vapor, hervidos, al horno, al microondas, en papillote, en salsa... Pon a prueba tu destreza cocinando y ensaya nuevas formas. Poco a poco irás controlando los tiempos de cocción, los sabores que mejor combinan, etc.

Busca recetas nuevas. Hemos hablado en otros apartados de la importancia de variar, probar nuevos alimentos y sabores. En ocasiones nuestra forma de comer se vuelve aburrida y sosa. No tengas miedo a probar nuevas fórmulas.

Dedica tiempo y energía a cocinar. Las personas que dedican tiempo a cocinar disfrutan y saborean más los alimentos que aquellas que preparan cualquier cosa a toda prisa. Implica a tu familia para que busquen nuevas recetas y te ayuden a elaborarlas. Puedes aprovechar los fines de semana o ratos de ocio para hacerlo juntos.

Se práctico. Solemos ir justos de tiempo entre semana. Por eso, aprovecha el rato que te pongas a cocinar para hacer el doble de cantidad. Luego podrás congelarla y tendrás uno o dos platos preparados para sacar en cualquier momento. Hay montones de platos que se pueden congelar: legumbres, verduras salteadas, carne o pescado al horno, guisos, pasta, arroz.

El cerebro de nuestro estómago

Existe una disciplina que aúna el conocimiento de la psicología con el de la nutrición: la psiconutrición o psicología de la alimentación. Su objetivo es ayudar a la persona a comprender mejor su manera de comer emocionalmente, y analizar la relación entre la comida, nuestro cuerpo, nuestros pensamientos y nuestras emociones.

Muchas veces confundimos las señales de nuestro cuerpo con los pensamientos que generamos. Por ejemplo, ¿podrías distinguir cuándo tienes hambres y cuándo ganas de comer? ¿Identificas la señal de saciedad de tu estómago cuando está lleno? El cerebro a veces se confunde y cuando estamos nerviosos creemos tener hambre, ya que ambas sensaciones residen en el estómago. Nuestras tripas sienten las emociones: notamos mariposas en el estómago cuando estamos alegres o enamorados, un nudo en el estómago o que se nos encoge si nos angustiamos, ganas de vomitar cuando sentimos asco o repulsión hacia una persona o situación.

Sentimos emociones en nuestro estómago. Se pensaba que el tracto digestivo era un tubo hueco con reflejos simples y ahora se ha demostrado que miles de fibras nerviosas lo recorren. En el estómago existen en torno a **100 millones de neuronas**, muchas más de las que contiene la columna vertebral, y ese es uno de los motivos por los que recibe el apodo de «segundo cerebro». Esta red neuronal favorece el contacto entre el sistema digestivo y el cerebro, a través del nervio vago, informando de todo lo que transita por el primero.

El cerebro de nuestro estómago, también denominado como «sistema nervioso entérico», abarca desde el esófago hasta el ano y permite que el intrincado proceso de la digestión se controle totalmente allí mismo, sin la continua supervisión del cerebro alojado en nuestro cráneo. Pero sus funciones no se limitan a meros automatismos. En este segundo cerebro encontramos mayores concentraciones de serotonina que en el primer cerebro. El 95 % de la serotinina, uno de nuestros neurotransmisores que genera el sentimiento de felicidad y bienestar, que corre por nuestro cuerpo se halla en el intestino. Así pues, parece que la psicología, la fisiología y los alimentos se unen en el aparato digestivo.

Esto supone que la digestión de unos alimentos concretos favorece la secreción de unos neurotransmisores determinados y esto influye en nuestro estado de ánimo. Por ejemplo: el consumo de fruta y verdura favorece la secreción de la hormona estabilizadora del ánimo y aporta armonía a nuestro cerebro. Comer carne y pescado nos aporta fuerza, energía, impulso vital y disposición a la actividad, pero si abusamos de las carnes rojas podemos tener conductas coléricas, agresivas o airadas.

La grasa, dulces e hidratos de carbono de rápida absorción nos aportan un pico de alegría; se les consideran *los amigos de la tristeza.* El efecto es inmediato: ¿habéis observado qué les pasa a los niños cuando toman mucha azúcar?

Se vuelven hiperactivos, eufóricos... y este *chute* tan brusco favorece la dependencia. Uno quiere volver a sentirse así otra vez. Por eso nos enganchamos a los hidratos de carbono y las grasas, porque en un momento nos elevan el estado de ánimo. Lo que nunca tenemos en cuenta es que tan rápido como sube baja el efecto, y al poco rato nos sentimos nuevamente decaídos.

Además, ya conocemos los efectos perjudiciales del consumo excesivo de grasas y azúcares. Deberíamos usar estos ingredientes como si fueran un condimento. En pequeñas cantidades aportan felicidad y no tenemos por qué prescindir de ellos.

Capítulo 3

Comer con niños

Sentarnos a la mesa con niños es una experiencia totalmente distinta a hacerlo solo con adultos. Para los pequeños es una oportunidad para explorar y experimentar: sabores nuevos, alimentos y texturas diferentes... Tienen todo por descubrir. Sentarse a la mesa también supone aprender muchas cosas: coger y usar bien los cubiertos, cuidar la postura, respetar las normas de educación, etc. Además de ser una experiencia de aprendizaje, comer con niños es una oportunidad para disfrutar y celebrar juntos en familia.

En este capítulo reflexionaremos sobre situaciones difíciles de manejar cuando juntamos comida y niños. Por ejemplo, las chucherías, los dulces y el chocolate; o las elecciones que hacen ellos cuando vamos de restaurantes y solo quieren comer hamburguesa o pizza. Qué decir de las fiestas de cumpleaños entre amigos... Una de nuestras tareas como padres será irles enseñando poco a poco a comer bien, a distinguir la comida sana de la que no lo es y animarlos a probar nuevos sabores. ¿Aceptamos el reto?

Comer sano celebrando

1. Salimos a restaurantes

Salir con niños a comer o cenar fuera es una fiesta, al menos en mi familia. Desde muy pequeños mis hijos esperaban con impaciencia el día de su cumpleaños o el de otro hermano para ir a celebrarlo a un restaurante. Ese día se ponían ropa elegante y se peinaban encantados porque íbamos a salir fuera. Pero esta experiencia no siempre era igual de satisfactoria para nosotros, sus padres. Salir a comer o cenar con ellos, implicaba que no molestaran a otras personas del restaurante, que mantuvieran unos mínimos de limpieza con la comida, que esperaran con calma la llegada de su plato... En resumidas cuentas, era momento de educarles en el buen comer.

Creo que hemos transmitido a nuestros hijos el placer por comer y cada vez que vamos a un restaurante queremos picar del plato de los demás para que no se nos quede ningún sabor sin probar. Nos encanta celebrar comiendo y nos juntamos a menudo con el resto de la familia para compartir ese rato, pero, a veces, confundimos cariño con grandes cantidades de comida. Es una costumbre muy habitual en nuestra cultura demostrar a nuestra familia cuánto les queremos preparando más comida de la cuenta y animándoles a que repitan. No hay por qué comer hasta *reventar* para celebrar que estamos juntos. Cuando esto sucede, terminamos sintiéndonos pesados, con una digestión eterna, gases, sensación de hartazgo o incluso vómitos, si nos hemos empachado.

Debemos trabajar para que este hábito festivo pueda ser también saludable y equilibrado. Como padres, somos responsables de la cantidad de comida que presentamos a la mesa. Si ponemos una fuente grande llena de comida y la dejamos en el centro durante toda la comida, estamos incitándoles a repetir y comer más de la cuenta. En muchos hogares es famosa la frase: «comed más, que no quede nada». Debemos enseñarles a parar cuando ya han comido suficiente. Podemos tener el control sobre la comida y no insistir para que repitan.

¿Qué restaurantes elegimos?

Los niños suelen suspirar por la comida rápida: hamburguesas, pizzas. Pero hay vida más allá de las grandes cadenas de restaurantes de comida rápida. Presta atención a conversaciones de amigos que cuenten dónde cenaron el fin de semana o cuando alguien comente que han abierto un sitio y se come muy bien. Si te vas haciendo poco a poco con tu propia cartera de restaurantes alternativos, podrás proponerlos cuando tengáis que elegir el restaurante al que acudir. Sé proactivo al elegir el restaurante. Haz propuestas de otros sitios para no terminar yendo siempre en los mismos.

¿Qué pedimos?

Cuando llegamos al restaurante, nos presentan la carta. Si la lees sin atención probablemente pedirás por los ojos o a golpe de impulso. Dedica 2-3 minutos para ver las ofertas más sanas. Debemos enseñar a los niños a valorar la carta de un restaurante; si es variada, qué tipo de platos son más saludables...

En los últimos años ha aumentado la oferta de menús infantiles en muchos restaurantes. Y la mayoría de las veces ofrecen comida muy calórica de dudosa calidad: *nuggets* de pollo, hamburguesas, perritos, patatas fritas, refresco azucarado y, de postre, helado. Mi recomendación es que nos salgamos de esos menús cerrados (por otro lado, más baratos) y animemos a nuestros hijos a que pidan algo diferente.

Que prueben la especialidad de la casa o lo típico de la zona. No tienen por qué pedir una ración de adulto para ellos, pueden compartir un plato entre dos o pedir media ración. El plan de pedir unas raciones para compartir entre todos, es una buena opción para que se animen a probar nuevos sabores.

¿Cuánto pedimos?

En los restaurantes generalmente sirven raciones muy grandes. Si pides con conciencia medirás mejor la cantidad, en cambio, si te dejas llevar por el ambiente festivo puede que pidas más platos de la cuenta y eso te lleve a comer más de lo que necesitas. Valora la opción de compartir el plato con alguien. Piensa antes de pedir al camarero y no te dejes llevar por ofertas de última hora o por preguntas del camarero que te incitan a consumir más. Muchas veces se puede pedir media ración.

Y si pediste demasiado, no tienes por qué acabarlo todo. Puedes decirle al camarero que te lo envuelva para llevar a casa y comértelo en otro momento. En otros países esto es una práctica habitual. Recuerda que la comida que dejas, a pesar de haberla pagado, irá directamente a la basura. Evita despilfarrar comida y llévatela a casa para poder aprovecharla y disfrutarla en otro momento.

 Recuerda: pide con moderación y resérvate la opción de pedir algo más después si te has quedado con hambre.

Las bebidas alcohólicas son estimulantes del apetito; beber alcohol durante la comida puede hacer que termines bebiendo y comiendo más. El alcohol es mala compañía porque estimula el apetito. Se pensaba que ingerir alcohol producía un efecto de desinhibición y que las personas se dejaban llevar y comían más de lo habitual. Pero una investigación hecha por el Instituto Francis Crick de Londres descubrió que el alcohol activa unas neuronas del cerebro que despiertan el hambre con independencia de la presión social.

El alcohol estimula directamente las neuronas AGRP, que se encuentran en el hipotálamo, y forman parte de un circuito que regula el hambre. Así, cuando una persona empieza a beber alcohol activa estas neuronas que transmiten erróneamente al cerebro la sensación de hambre y esto hace que coma más de la cuenta por la falsa creencia de que tiene hambre.

Otro punto a considerar son las bebidas azucaradas y refrescos que nuestros hijos piden cuando comemos juntos. En el capítulo anterior observábamos que la pirámide de hábitos saludables nos recomendaba beber un vaso de agua en cada comida. Deberíamos mantener este hábito también cuando salimos a comer fuera. No tenemos ninguna necesidad de inundar nuestro cuerpo de azúcar. Recuerda que el azúcar no aporta ningún valor nutritivo y tiene un intenso poder adictivo.

Cuando llega la hora de los postres siempre dudamos entre pedirlo o no. Lo mejor sería compartir con alguien; de esta manera puedes probar una cucharadita y no privarte de saborearlo. Ahora bien, si eres muy goloso, te cuesta trabajo controlarte y sabes que terminarás comiéndote tu postre y el del vecino, será mejor que optes por alternativas más sanas, como macedonias, compotas de manzana asada o cuajada, o que pases directamente al café o infusión, así te quedarás con el sabor dulce, pero sin sensación de saciedad que te daría un postre demasiado pesado.

Una persona me contaba divertida el hábito que tenía con su grupo de amigas cuando quedaban a comer juntas. Tras una comida no muy copiosa, analizaban detenidamente la carta de postres y pedían todos los que les resultaban sugerentes, pudiendo llegar a veces a comerse ¡¡2 postres por persona!! Resulta obvio que esta práctica se aleja bastante de unos buenos hábitos de alimentación y supone una sobredosis de azúcar y grasas nada saludable.

2. Celebraciones familiares y vacaciones

En las vacaciones y en momentos de encuentro con la familia estamos contentos y relajados. Esto hace que bajemos la guardia. Recuerdo el caso de José Antonio cuando me narraba su plan de vacaciones. Había vuelto con 5 kilos de más y lo explicaba así: «Ya sabes cómo son las vacaciones, todo el día tomando cerveza, barbacoas, helados». Yo le pregunté ingenuamente: «Pero eso será solo algunos días, ¿no?». Y él contestó: «Noo, todos los días». Plantear las vacaciones de esta manera nos traerá problemas, como se los trajo a José Antonio.

Mención aparte merecen las vacaciones organizadas con *todo incluido*: cruceros, estancias en un hotel junto a la playa, *resorts*... Estas ofertas vacacionales son una bomba de comida y bebida. Durante 24 horas al día tenemos acceso a bebidas alcohólicas y azucaradas sin límite y, cada pocas horas, a bufés con comida a rebosar. Este tipo de bufés ofrecen manjares apilados que se reponen continuamente y el único límite que existe es el que nosotros pongamos, porque nadie más lo va a hacer. Son vacaciones que nos conectan con la abundancia y con una fantasía de riqueza por tener tanta comida al alcance. Nos activan centros muy primarios de nuestro cerebro, el placer sin límite.

Pero debemos recuperar el control y la capacidad de raciocinio. Somos seres con voluntad y podemos ejercerla aun en estas situaciones. No olvidemos que los niños van con nosotros y ven cómo reaccionamos ante esta oferta desmesurada. En esos días pueden aprender qué es el autocontrol o, por el contrario, el descontrol de nuestros impulsos. Está en nuestra mano.

Además, la cantidad de comida que se despilfarra en estos restaurantes es escandalosa. Mostremos a nuestros hijos que podemos servirnos un plato razonable controlando la compulsión de querer probarlo todo en ese momento. Tendremos más días para ir probando nuevos sabores. Tratemos de evitar servirnos platos enormes de comida que no podremos acabar e irán directamente a la basura. Enseñémosles a ser responsables con el medio ambiente y sus recursos naturales.

Junto al reto de las vacaciones, nos encontramos con las celebraciones familiares. Momentos bastante habituales en que nos juntamos para celebrar, para encontrarnos y compartir una comida con la familia. Suelen ser comidas copiosas con muchas ofertas y gran cantidad de comida en la mesa. Para que estos encuentros no se conviertan en un empacho seguro puedes seguir estas pautas:

Distánciate del aperitivo, no te pongas en primera fila. Los aperitivos suelen ser una fuente de calorías y grasas innecesarias: patatas fritas, quesos curados, embutidos, fritos, patés... Si evitas sentarte junto a la mesa del aperitivo, tendrás más difícil picar y llegar a la mesa lleno. Prueba a mantenerte activo poniendo la mesa, ayudando en la cocina, charlando con alguien.

Participa en la elaboración del menú y en la preparación de la comida. Si quieres comer sano y que los encuentros familiares sean más equilibrados, propón sugerencias de platos saludables y ofrécete a llevarlos preparados de casa o a hacerlos allí. Puedes poner entrantes variados y en pequeña cantidad o aperitivos de verduras frescas con alguna salsa de legumbres.

Elige guarnición de verduras. A veces ponemos un menú compuesto de aperitivo, primer plato, segundo con varias guarniciones y postre. Evita las patatas fritas o acompañamientos de arroz o pasta. Opta por acompañar el plato principal con verduras al vapor o a la plancha y tus comidas serán más ligeras.

Deja salsa en el plato. Mojar la salsa con pan es uno de los mayores placeres, pero sin darnos cuenta nos podemos comer media barra. Corta un trozo pequeño de pan y trata de que te dure hasta el final de la comida. También puedes prescindir del postre o compartirlo, como hemos dicho anteriormente.

Y si a pesar de estas recomendaciones te has empachado en una boda, unas Navidades o un aniversario aligera las comidas y cenas siguientes. Hidrátate bebiendo mucha agua e infusiones y toma más fruta y verdura. Si te sientes muy pesado tras unos días de mucha comida, mueve tu cuerpo, sal a la calle y camina.

3. *Tentaciones y caprichos*

Definitivamente, la comida es una fuente de felicidad. Pero no necesariamente se cumple que a más cantidad sintamos más felicidad. Se puede disfrutar a pequeños sorbos. Esto sucede con los caprichos y debilidades que cada uno tiene. Hay personas que suspiran por un trozo de chocolate, pasteles o chucherías, y a otras les tira más lo salado de los quesos curados, frutos secos o embutidos.

Disfruta, permítetelo ocasionalmente y aprende a controlar la cantidad. No te los prohíbas, porque la restricción aumentará el deseo y la ansiedad por ese alimento. Bastantes personas disfrutan mucho el pan y en cuanto quieren adelgazar se lo retiran. Esta restricción provoca un deseo mucho mayor de comer pan y ansiedad por no poder tomarlo. Estas personas deberían incluir 1-2 raciones de pan al día para evitar que terminen comiéndose una barra un día que ya no puedan más. De igual manera, siempre les digo a los *chocoadictos* que es mucho mejor tomarse una onza de chocolate negro cada 2-3 días que estar 15 días sin probarlo y terminar comiéndose una tableta entera una noche.

Los elementos nocivos de los caprichos son la cantidad que comemos y los ingredientes añadidos perjudiciales para nuestra salud. Pero, si somos creativos y cocinillas, podemos seguir disfrutándolos evitando los azúcares, aditivos y grasas añadidos de los productos elaborados y preparándolos en casa con ingredientes más naturales. Vamos a ver algunos ejemplos:

 Para los amantes de las pizzas: evita comprar las de las grandes superficies que son ricas en sal, aditivos, grasas *trans* y conservantes. Elabora tu propia pizza en casa con una masa de harina integral y levadura fresca e ingredientes más sanos que las pizzas envasadas. Puedes hacer tu propia salsa de tomate añadiendo alguna verdura más: cebolla, pimiento, calabacín, calabaza. Así te ahorrarás todo el azúcar que llevan las salsas preparadas.

 Para el *fan* de las hamburguesas: acude a tu carnicero y compra carne picada sin añadidos ni elaboración previa. Prepara las hamburguesas en casa y condimenta a tu gusto. Hay montones de variedades: desde la clásica a otras más *gourmet*. Prueba a incorporar nuevos ingredientes: guacamole, cebolla caramelizada, pera a la plancha, champiñones. Cada vez que las prepares puedes probar una nueva. Hazte un experto en hamburguesas caseras y disfruta preparándolas con tus hijos.

Haz un concurso en casa para ver quién prepara la mejor pasta, la hamburguesa más original o el postre rico. El único requisito de la competición es que participe toda la familia y que se usen ingredientes naturales sin procesar.

Para los muy golosos: decántate por la repostería casera y elimina la bollería industrial de tu compra. Haz las masas con harina integral, levadura fresca y masa madre. Procura sustituir el azúcar por miel, sirope de agave o estevia. Añade fruta y frutos secos a tus bizcochos y tartas. Elige aceite de oliva o de girasol frente a margarinas y evita cremas pasteleras y coberturas artificiales.

Malos hábitos en los niños: chuches como premio

No descubro nada nuevo afirmando que a los niños (y a los mayores) les encanta el azúcar. Desde muy pequeños asocian golosinas, chucherías, dulces y bebidas azucaradas con momentos de fiesta, alegría o premio. Seguro que en alguna ocasión nos hemos *pillado* ofreciendo un caramelo a nuestro hijo a cambio de un buen comportamiento.

Cuando hacemos esto, les estamos enseñando que las chuches son un premio y que la comida sirve para gratificarnos, calmarnos o compensarnos por algún problema. De esta manera nos alejamos de la idea de que la comida es la gasolina que necesita nuestro cuerpo para moverse. Además, cuando utilizamos la comida para recompensar y consolar alguna conducta, estamos fomentando la futura ingesta emocional de nuestros hijos (ver capítulo 4).

La presentación de una comida como recompensa aumenta la inclinación del niño por ella y favorece el consumo excesivo. Tomar golosinas impide que los niños identifiquen sus señales internas de hambre y saciedad. Seguro que han experimentado la falta de apetito cuando hemos comido golosinas o caramelos. El azúcar anula las ganas de comer. No olvidemos que los niños aprenden principalmente por imitación y copian nuestros actos, por eso, si les damos chuches para que se les pase la rabieta, terminarán recompensándose ellos mismos con algo dulce cuando tengan una emoción negativa. No les habremos enseñado a gestionar sus emociones, sino a anestesiarlas con el poder del azúcar.

Las golosinas pertenecen al grupo de alimentos de ingesta ocasional. Procura no dejarlas a mano para evitar que los niños acaben con ellas en una tarde. Pero acuérdate también de que la restricción estricta de algún alimento (*en mi casa no entran las chucherías*), fomenta el deseo y la ingesta sin control del mismo. Recuerda que queremos lograr una cultura positiva de la alimentación en la que la norma sea la comida saludable sin caer en demonizar los caprichos. Permítete y permítele alguno de vez en cuando y disfrutadlo.

En multitud de situaciones nos encontramos a nuestros hijos pidiéndonos chucherías, bollos o *snacks* poco saludables. Ellos (igual que los adultos) asocian momentos de ocio con comida de poca calidad nutricional pero rica en azúcares, grasas y sal. Por ejemplo, cuando vamos al cine no concebimos ver una película sin comprar antes palomitas, bebida y/o chucherías. Casi antes de entrar al cine, se despierta nuestro deseo de comer por el intenso olor a palomitas o los *stands* repletos de golosinas, chocolates o bebidas azucaradas. Inundan nuestros sentidos (olfato y vista) provocando la sensación de apetito.

Si vamos de excursión nos piden que llevemos galletas y patatas fritas; si vienen amigos a casa, que encarguemos pizzas. Para su fiesta de cumpleaños nos piden tartas industriales y galletas llenas de grasas *trans*. Lo que tienen en común todas estas ocasiones es que son momentos de ocio en los que estamos relajados y queremos divertirnos. Establecemos una relación incuestionable entre el ocio y la comida rápida poco saludable. Deberíamos romper ese binomio y buscar alternativas más sanas para nuestro ocio.

Por ejemplo, si vienen amigos de los niños a casa podemos preparar con ellos unas pizzas caseras con ingredientes naturales y que puedan hacerla cada uno a su gusto. Para ir de excursión al monte podemos llevar frutos secos que nos aportarán energía y un poco de chocolate negro para el postre. Incluso para ir al cine podríamos preparar las palomitas en casa de manera mucho más sana que las que venden allí o que las semipreparadas para microondas, que llevan exceso de grasa y sal. Solo necesitamos granos de maíz y una sartén.

También podemos sustituir los cumpleaños con sobredosis de azúcar por otros con tarta, bizcocho o magdalenas caseras, brochetas de frutas frescas o zumos naturales y sándwiches de jamón o pavo en lugar de crema de cacao. Se trata de ir contracorriente y poner un poco de energía para organizar la compra, buscar ingredientes naturales y cocinarlos en casa. Las grandes superficies nos bombardean con productos ultraprocesados, con un empaquetado atractivo y una preparación muy rápida y cómoda. Pero existen otras alternativas, podemos salirnos de los canales fáciles de compra y disfrutar de unas comidas mucho más sanas y de mejor calidad.

Tema aparte son las meriendas al salir del colegio o el tentempié de media mañana. Muchos colegios tienen máquinas expendedoras para tal fin, llenas de bollos, chocolatinas o zumos concentrados. Me consta que en algunos colegios empiezan a vender bocadillos, piezas de fruta y agua. Ojalá todos los centros educativos introdujeran esos cambios. Estaríamos fomentando buenos hábitos de alimentación en nuestros hijos.

Otro tema delicado de manejar es el de los abuelos. Por regla general, los abuelos celebran la llegada de los nietos a casa y tienden a ofrecerles todo tipo de dulces, platos favoritos o caprichos que nosotros, padres, no les damos. Los abuelos suelen decir que ellos no están ahí para educar a los nietos, sino para disfrutar de ellos. Que eso de educar ya lo hicieron con sus hijos –y es cierto–. No podemos pedir a los abuelos que eduquen a nuestros hijos como lo hacemos nosotros, pero si sería recomendable que hubiera una cierta *alineación* en los principios de alimentación.

Disfrutar de los abuelos y estar deseando estar con ellos es uno de los placeres que todo niño debería experimentar. Y para que así siga siendo, podríamos acordar unos mínimos con los abuelos para que las comidas no sean extremadamente desequilibradas cuando acudimos a comer en familia. A partir de ahí, podemos relajar nuestras pautas de alimentación y permitirles disfrutar de los caprichos que les regalan los abuelos. Algún dulce más de la cuenta no va a perjudicar su salud si su tónica general es comer bien.

Si queremos evitar usar la comida como premio, probemos a felicitar o incentivar a nuestros hijos de otra manera: el agradecimiento o elogio será igual de valorado por ellos. Además, existen muchas alternativas:

Jugar a su juego favorito. El mejor regalo que podemos hacer a nuestros hijos es pasar tiempo con ellos y jugar. Por tanto, si queremos felicitarles por algo, juguemos un rato a su juego favorito y ellos se quedarán encantados.

Leer un cuento extra al acostarse. Un premio muy valorado por ellos. Dedícale un rato más largo al acostarle y prémiale con un cuento extra por haberse portado fenomenal en casa, en el médico o en el cole.

Regalarle pegatinas o cromos. Mi hijo pequeño recibe con la misma ilusión un sobre de cromos que un regalo mayor. Los cromos representan la novedad y la sorpresa cada vez que abren uno, así que podemos reforzar una conducta deseable valiéndonos de ellos.

Ver su peli favorita. A los niños les gusta la repetición. Ver una y mil veces la misma peli les entusiasma. No busques premios carísimos o muy sofisticados. Quédate con él a ver esa peli una vez más y lo vivirá como la mejor recompensa.

Puntos para conseguir un regalo mayor. A veces nuestros hijos desean algo de mayor valor económico y nosotros no consideramos oportuno dárselo sin más. Elabora un sistema de puntuación que permita ir añadiendo un punto o un «gomet» cada vez que tu hijo haga algo bueno (acordado previamente con él). Así, el podrá ir viendo su evolución y se esforzará más para lograr aquello que desea.

Un diploma para su cuarto. A mis hijos les encantaba de pequeños recibir medallas y diplomas en competiciones o al finalizar un curso. Las colgaban orgullosos en su cuarto. Si tu hijo ha logrado algo importante para vosotros, puedes elaborar un diploma con su nombre y apellidos en el que conste el logro conseguido y será un gran premio para él.

Educar en nutrición

En apartados anteriores hablábamos de la importancia de llevar una dieta equilibrada y variada. También hemos ido revisando diversas tablas y gráficos de los principales nutrientes, la frecuencia recomendada para el consumo de los distintos alimentos, etc. Si los mayores necesitamos algunas nociones de nutrición, ¿cómo no lo van a precisar también los niños? Es indudable que los niños aprenden observando nuestro comportamiento, pero también necesitan entender estos conceptos.

Y para que puedan entenderlos, debemos adecuar nuestro lenguaje al suyo, buscar una manera de contarles qué son las calorías, los hidratos de carbono, proteínas, etc., para que puedan comprenderlo sin problema. En el libro *A comer*, la Dra. Rana Conway explica de modo muy sencillo y pedagógico algunos conceptos básicos de nutrición:

¿Cómo se llama?	¿Dónde se encuentran?	¿Para qué sirve?
Calorías	En todas las comidas y bebidas excepto el agua.	Para crecer y moverte. Es la gasolina que necesita nuestro cuerpo. Si comes más de la cuenta, tu cuerpo las almacena y engordas.
Hidratos de carbono	Pan, pasta, patatas, cereales, bollos, dulces, frutas y verduras.	Te dan energía para jugar y aguantar con fuerza todo el día. Los dulces saben bien pero no son saludables y provocan caries.
Proteínas	Carne, pescado, lácteos, huevos, legumbres.	Te hacen crecer y fortalecer tus músculos.
Grasas	Pescado azul, aceite oliva, mantequilla, patatas fritas, bollos, embutidos.	Te dan energía. Algunas grasas son más sanas: salmón, aceite de oliva. Otras son malas para tu corazón: embutidos, mantequilla, bollos.

¿Cómo se llama?	¿Dónde se encuentran?	¿Para qué sirve?
Fibra	Pan, arroz, cereales y pasta integrales, fruta y verdura.	Ayudan a la comida a pasar por tu organismo y poder hacer caca.
Vitaminas y minerales	Frutas, verduras, lácteos y proteínas.	Hacen que tu cuerpo esté fuerte y se cure pronto.
Agua	En el grifo, y en frutas y verduras.	Te limpia por dentro, te mantiene fresco y despierto.

Es importante que los niños entiendan que hay alimentos que nos aportan valor nutricional y otros que no. Por ejemplo, las galletas nos pueden encantar, pero solo nos aportan azúcares refinados y grasas de dudosa calidad. No aportan proteínas, vitaminas o fibra. Es un producto superfluo que no contribuye a una buena alimentación y un buen crecimiento.

En cambio, un filete de carne nos aporta proteínas que nos ayudan a crecer y fortalecer los músculos, o las legumbres que contienen calorías y nos proporcionan energía para funcionar, hidratos de carbono que nos dan fuerzas para todo el día y fibra para tener un buen tránsito intestinal.

Veamos por último algunos juegos que podemos proponer a nuestros hijos para que aprendan nutrición:

 ## Juego de los 5 dedos de la mano

En este libro y en muchas otras publicaciones recomendamos tomar 5 piezas de frutas y verduras al día. Para que los niños sean conscientes de cuánta fruta y verdura toman al día, puedes animarlos a que dibujen el contorno de su mano en un papel y coloreen un dedo por cada fruta o verdura que haya comido hoy ese día. Si colorean cada dedo del color de la fruta o verdura que hayan ingerido podrán ver también si han variado en el tipo de vegetal o son todas de la misma familia. Deberíamos tomar frutas y verduras de todos los colores. Cada una nos aporta unas vitaminas y propiedades diferentes.

Dibuja una comida

Elige un plato que contenga varios ingredientes y pide a tus hijos que lo dibujen. Ahora tendrán que diferenciar los distintos alimentos que contiene. Luego, anímalos a que expliquen para qué sirven los diferentes nutrientes que hay en ese plato. Es una manera muy sencilla de que aprendan que muchos platos se componen de varios alimentos y que cada uno de ellos nos aportan diferentes propiedades. Así también se harán conscientes de qué platos tienen más valor nutricional y cuáles apenas nos aportan nada.

Educar en la mesa

Cuando nos sentamos a comer hay unas reglas de juego. Cada uno no come como quiere, sino que existen unas normas para hacerlo con educación y limpieza. Los animales devoran, sorben, desgarran y no se limpian al terminar. En cambio, los humanos masticamos, cortamos la comida con cuchillo y nos limpiamos al terminar. Y este aprendizaje también tienen que lograrlo los niños. Creo que estas reglas del «buen comer» reflejan el respeto que tenemos por las personas que comparten la comida con nosotros.

A veces insistimos a nuestros hijos para que saluden de forma adecuada o se comporten educadamente en público y descuidamos en cambio el entorno de las comidas y el estar sentados adecuadamente a la mesa. Estas reglas son un reflejo de que nuestros padres han cuidado el acto de comer juntos y le dan la importancia que se merece. Veamos algunas que ayudan para que nuestro rato de sentarnos juntos a la mesa sea agradable.

Poner y quitar la mesa entre todos. La preparación de la comida no es «cosa de mayores». Todos podemos y debemos ayudar. Cada uno conforme a su capacidad. Por ejemplo, el peque de la casa no podrá llevar las copas a la mesa, pero sí el pan o las servilletas. En nuestra casa hemos establecido un orden para que nuestros hijos pongan y recojan la mesa cada día uno. También los mayores llegamos cansados al final del día y necesitamos ayuda. Se trata de sentir que somos un equipo y no dos adultos tirando de todo y de todos.

Comer todos juntos. Nadie come por su cuenta, salvo que los horarios sean incompatibles. Incluso en el caso de que algún miembro de la familia coma o cene después, podríamos acompañarle a la mesa y charlar del día. Es una manera de decirle a esa persona: «estoy contigo, me importa cómo estás». En el capítulo siguiente veremos con detenimiento los enormes beneficios que aporta comer juntos, así pues, no nos privemos de disfrutarlos, ¿no?

Lavarse las manos antes de comer. La higiene es muy necesaria al cocinar y al comer. Las manos sucias transmiten enfermedades: constipados, gastroenteritis, gripe y otras enfermedades más serias. Un gesto sencillo como lavarse las manos las previene y nos protege frente a infecciones de otros.

Sentarse adecuadamente. Hay niños pequeños que comen casi de pie o sin arrimarse a la mesa, adolescentes que ponen los pies encima de las sillas o se balancean en ellas. Si queremos que nuestros hijos se comporten en el futuro como personas educadas en la mesa, deberán aprender a cuidar su postura. Estar bien sentado, erguido y cerca de la mesa muestra una actitud de respeto hacia la comida y hacia el resto de personas que nos acompañan.

Pedir por favor y dar las gracias. Cuando tenemos hambre nos podemos poner impacientes y desear empezar a comer ya, pero no olvidemos que estamos compartiendo un rato con los demás y merecen ser tratados con respeto. Procura poner atención a cómo los niños (y no tan niños) piden las cosas en la mesa. En casa, hasta que no oímos la palabra mágica «por favor» nos hacemos los sordos y no pasamos eso que han pedido mal.

Servir a los demás, no solo a uno mismo. Estar sentados a la mesa es un recordatorio de que vivimos junto a más personas y que es bueno pensar en ellas. Por eso, es importante que los niños aprendan a servir a todos. Que contemos cuántos somos para repartir con justicia. Que sirvamos la ración de la persona que todavía no ha comido. Y si fuéramos capaces de dejar el mejor trozo (huevo, filete, etc.) a otro, mejor que mejor.

No usar el móvil en la mesa. En algunos restaurantes colocan una pequeña bandeja en cada mesa para que los comensales puedan dejar allí sus móviles y disfruten de la cena o comida y de la compañía sin tentaciones de revisar el móvil. Personalmente tengo sentimientos encontrados con esta medida: por un lado, me parece una buena idea y, por otro, me hace preguntarme: ¿a dónde hemos llegado? ¿Es que no podemos dejar de mirar el móvil ni siquiera cuando estamos en la mesa con amigos o familiares? Esta medida nos indica que los adultos no somos capaces de ello, por eso nos invitan a dejarlo públicamente alejado de nosotros.

En nuestros días, libramos una dura batalla con los móviles de nuestros hijos adolescentes. Deberíamos ser también conscientes del uso que hacemos nosotros de ellos para ser un modelo de aprendizaje para nuestros hijos.

Comer con la boca cerrada. Hay pocas cosas más desagradables que escuchar comer a una persona con la boca abierta. De la misma manera que a nosotros nos molesta, debemos ser igual de cuidadosos para no hacérselo a otros. Junto a la boca abierta, hay otras costumbres poco cuidadosas con el resto: sorber sopa o líquidos, hablar mientras masticamos, escupir algo que no nos gusta…

Usar bien los cubiertos. De la misma forma que en la escuela enseñan a los niños a coger bien el lápiz, nosotros en casa deberíamos dedicar tiempo a que nuestros hijos sepan sujetar bien los cubiertos y usarlos adecuadamente. Utilizar bien los cubiertos nos proporciona más precisión al cortar o coger comida del plato y nos facilita comer de manera limpia y eficaz.

Usar la servilleta. No pasa nada por mancharse de comida. Hay algunos platos más difíciles de comer que otros. Para eso están las servilletas. Aunque a algunos se lo parezca, las servilletas no son un elemento decorativo de la mesa, sino una ayuda para mantener nuestra cara y manos limpias de comida y evitar limpiarnos en la ropa. Un consejo: usemos en casa servilletas de tela; son mucho más ecológicas que las de papel. Evitemos en la medida de lo posible el consumo ilimitado de artículos de usar y tirar.

Terminar lo que hay en el plato. En capítulos anteriores hemos insistido en que no es aconsejable obligar a los niños a seguir comiendo cuando ya no tienen hambre. Para evitar esto, será mejor que midamos la ración que les ponemos en el plato. De esta forma, los niños podrán acabar lo que tienen en el plato y no tiraremos comida en buen estado a la basura.

No levantarse hasta terminar. Los niños pequeños aguantan poco tiempo quietos en un sitio. En seguida necesitan moverse y jugar. Conforme van creciendo, esta capacidad de permanecer tranquilos va aumentando y por ello podremos pedirles que permanezcan sentados a la mesa hasta que hayamos terminado todos de comer. Nuevamente, esta es una forma de demostrar a los demás que nos importa su compañía, que no estamos sentados a la mesa exclusivamente para alimentarnos, sino para escucharnos y comunicarnos.

Toda la comida está buena. Algunos niños son muy exigentes con la comida o demasiado selectivos con nuevos sabores. Deberíamos enseñar a nuestros hijos que no hay comida asquerosa o mala. Simplemente pueden ser sabores que no nos agraden tanto, pero han sido preparados con cariño y merecen todo el respeto. En casa tratamos de cambiar la frase «qué mala está la comida» por «este plato no me gusta». Enseñemos a nuestros hijos a valorar la suerte que tienen por poder comer todos los días.

Dar las gracias al cocinero. La persona que cocina nos cuida, piensa en nosotros cuando prepara el menú y busca hacerlo de manera equilibrada. Este servicio diario precisa del agradecimiento de todos nosotros.

Capítulo 4

Comer en familia: cuestión de actitud

Dice Miriam Weinstein en su libro *El sorprendente poder de las comidas en familia*: «¿Si te dijera que existe un medio "mágico"; algo que mejoraría tu calidad de vida y la de los tuyos, las perspectivas de éxito en el futuro de tus hijos y, es más, la salud de tu familia? ¿Algo que no es caro, es fácil de conseguir y que está al alcance de la mayoría?».

¿Qué responderíamos? A estas alturas de la lectura del libro puede que ya sepamos la respuesta: las comidas familiares. En este capítulo tendremos la ocasión de reflexionar sobre el poder que tienen las comidas familiares, su función preventiva en niños y adolescentes y los valores que podemos transmitir a través del acto de comer. Además, nos detendremos a considerar las actitudes que podemos trabajar como padres cuando nos sentamos a la mesa y nuestras habilidades de comunicación en familia.

Los momentos vividos en familia pueden variar según las costumbres, la cultura o la situación económica, pero hay uno que se da en casi todos los países: el momento de la cena y, a veces, los fines de semana. La cultura contemporánea ha cambiado muchos hábitos y a diario solemos comer rápido, solos o en el trabajo. Incluso los jóvenes cenan a menudo solos en su habitación viendo pantallas. Sin embargo, rara es la familia, sobre todo en la cultura latina, que no se reúne al menos una vez a la semana para comer juntos. Alrededor de la mesa se juntan familias y amigos a festejar, celebrar o compartir lo cotidiano y lo extraordinario.

Beneficios de comer en familia

Sentarse a la mesa ofrece la oportunidad de conocerse y afianzar los vínculos. En torno a ella se hacen y rehacen las relaciones dentro de la familia. Es lugar de encuentro, de comunicación y de bienestar. Los padres pueden transmitir valores y compartir proyectos, los hijos pueden contar lo que ha pasado en su día. Incluso se puede hablar de lo que sienten. Es un espacio tranquilo y neutral para escuchar a nuestros hijos cómo les va en el colegio, con sus amigos. En ocasiones, las comidas familiares también son el lugar para dar una noticia importante al resto.

 La mesa es un lugar de encuentro, diálogo y puesta en común; una oportunidad para compartir y expresar experiencias, ideas y sentimientos.

La vida en familia brinda muchas experiencias de aprendizaje. Estar sentados a la mesa, es una de ellas. Los estudios sobre las estructuras y la dinámica interpersonal de las comidas familiares son hasta el momento muy limitados, pero sería muy interesante poder observar a distintas familias a la hora de comer. Si pudiéramos analizar su modo de alimentación, la relación que tienen con la comida y su preparación, y el estilo de comunicación que hay entre los distintos miembros, obtendríamos mucha información sobre la dinámica de esa familia.

Y es que en la mesa se ponen en juego muchas habilidades: cocinar, presentar los platos, saborearlos… y también las habilidades de comunicación que existan en el seno de ese sistema familiar. Observar la dinámica de una familia a la mesa nos ayudaría a entender mejor qué es lo que sucede dentro de la misma.

Puede que el rato de estar sentados a la mesa sea el único que compartamos cada día o cada semana, todos juntos. Es un espacio abierto, a estrenar. Puede ser una pantalla en blanco que llenemos de experiencias y encuentros o limitarlo a un mero trámite que cubramos con vaguedades, mensajes superficiales o el ruido de la tele.

Las comidas familiares pueden actuar como un factor de protección para muchos problemas nutricionales en la infancia y la adolescencia: sobrepeso, mala alimentación, trastornos alimentarios. Un estudio de 2014 de Fulkerson concluyó que sentarnos a la mesa en familia era relevante en etapas de la vida especialmente vulnerables o de riesgo, como la infancia o la adolescencia, pero se extendía también a los adultos, jóvenes y personas de edad avanzada.

Otra investigación publicada en 2011 en la revista *Pediatrics* y basada en una muestra de 180.000 niños, reveló datos muy interesantes:

a) Los niños que comían en familia tres o más veces a la semana tenían un 12 % menos de probabilidad de sufrir sobrepeso. Además, comían un 20 % menos de comida procesada (refrescos, alimentos fritos) frente a un mayor consumo de frutas y verduras. Es decir, eran niños con menos tendencia a la obesidad y el sobrepeso y, además, comer con su familia les suponía comer más sano: menos comida procesada y más frutas y verduras.

b) Al comer en familia reducían en un 35 % la probabilidad de sufrir trastornos de la alimentación. Hay numerosas publicaciones que demuestran que comer juntos previene trastornos de anorexia y bulimia en adolescentes. La comida preparada es equilibrada, las raciones son adecuadas (ni excesivas ni demasiado pequeñas) y los jóvenes van incorporando un estilo de alimentación saludable y variado.

c) Las personas que comen en la cocina o en el comedor presentan un IMC (Índice de Masa Corporal) más bajo que las familias que comen en cualquier lugar de la casa. Comentaba en la introducción del libro que en una serie de una familia americana llamaba poderosamente la atención su modo de comer. No tenían mesa de comedor y siempre ingerían comida de encargo en la barra de la cocina (de pie) o en el sofá de la casa frente a la televisión. Pues bien, los estudios demuestran que sentarse en torno a una mesa previene la obesidad y el sobrepeso de esa familia. Lo mismo sucede con los adolescentes que siempre comen en su cuarto frente al ordenador. Cogen cualquier cosa de la nevera (casi siempre comida procesada) y no valoran si la cantidad que se han servido es excesiva. Comer frente a una pantalla hace que comamos más de la cuenta sin ser conscientes de ello.

Otro estudio más reciente llevado a cabo en la facultad de Medicina de la Universidad de Tufts, en Boston, evaluó si comer en familia podía proteger a los adolescentes de los siguientes comportamientos de riesgo:

- Consumo de alcohol, tabaco, marihuana u otras drogas,
- Conductas agresivas y/o violentas,
- Bajo rendimiento escolar,
- Comportamiento sexual inadecuado,
- Problemas de salud mental,
- Trastornos del comportamiento alimentario.

Dicho estudio publicado en la revista *Journal of Youth and Adolescence* en julio de 2013, concluyó que «las comidas familiares pueden ser protectoras y, por lo tanto, tener implicaciones prácticas para los padres, los médicos y las organizaciones que buscan reducir las conductas de riesgo de los adolescentes». Dicho de otra manera, estos estudios encontraron que los adolescentes que frecuentemente comían con sus familias y/o sus padres tenían menos probabilidades de participar en conductas de riesgo que los compañeros que nunca o rara vez comían con sus familias.

Comer en familia aporta también otros beneficios para los niños. Gracias a estas comidas: desarrollan su capacidad de comunicación; aprenden a escuchar a otros, a compartir emociones, ideas y opiniones. Les da la oportunidad de tener conversaciones con los adultos, aumentar su vocabulario y escuchar otras formas de pensar. Cuando los niños nos escuchan hablar a los adultos aprenden palabras nuevas y giros gramaticales. Además, les gusta escuchar conversaciones de mayores y esto les aporta una gran estimulación cognitiva. Descubren temas de actualidad, del trabajo de sus padres y así se acercan un poco al mundo de los mayores y su manera de pensar.

Al final del capítulo desarrollaremos las habilidades de comunicación que desplegamos en la mesa. Tenemos que aprender a escuchar, a preguntar, a contestar. Hay que saber esperar el turno de palabra.

Son más inteligentes emocionalmente: hablar en la mesa de nuestras cosas ayuda a conocer nuestro mundo interior y nuestras emociones y a entender mejor a los demás. En esto consiste la inteligencia emocional: conocer bien nuestras emociones y autorregular nuestro estado de ánimo. Es decir, saber gestionar nuestras emociones y evitar explosiones o perder el control de nuestros impulsos. Las personas con una buena inteligencia emocional son muy empáticas porque son capaces de entender a otras personas. Como conocer bien su mundo emocional les ayuda a ponerse en el lugar del otro y entender sus emociones sin problemas.

Fortalecen lazos y vínculos familiares. Comer en familia les proporciona seguridad emocional y sensación de control sobre sus vidas. Todos tienen espacio para compartir sus cosas y esto les hace sentir parte de la familia. Cuando preguntamos a nuestros hijos pequeños qué tal ha ido el día, les estamos haciendo sentir importantes. Les decimos que sus experiencias nos importan y esto les ayuda a sentirse pertenecientes y queridos y como consecuencia de todo ello tendrán una mejor autoestima.

Aprenden a tomar decisiones en familia. Con frecuencia, las comidas o cenas familiares son un momento idóneo para decidir qué hacer con algunos temas domésticos. Para ello es necesario que cada uno se pregunte qué quiere, cuál es su posición. Los niños desde muy pequeños también pueden hacerlo. Así los niños aprenderán a argumentar sus opiniones y a deliberar. ¡El arte de la negociación tiene su cuna en la familia!

Se hacen fuertes frente a la adversidad. Un adolescente que ha comido en familia durante su infancia habrá podido hablar de los problemas que tenga con sus amigos y, como consecuencia, sus padres le habrán enseñado a decir no, le darán pistas para resolver conflictos o ponerse en su sitio en lugar de dejarse llevar por el grupo. En resumen, serán adolescentes con criterio propio y capacidad crítica frente a los problemas.

Tienen buenos modales y hábitos de salud. Comer en casa permite equilibrar la cantidad de comida y está demostrado que comer juntos reduce en un 20 % la comida procesada en favor del consumo de frutas y verduras. Además, si comemos juntos mayores y pequeños estamos propiciando a nuestros hijos una experiencia de aprendizaje para tener buenos modales en la mesa: cuidar nuestra postura, coger bien los cubiertos, utilizar las servilletas, aprender a servir en los platos, etc.

No olvidemos una última observación: comer en familia también nos aporta enormes beneficios a los padres. La compañía frecuente de nuestros hijos nos hace disfrutar de ellos, conocerlos mejor, escuchar qué les gusta y qué les preocupa. A mí me gusta compartir las comidas con ellos, disfruto escuchando sus cosas, compartiendo las mías y acompañándolos en las distintas etapas de sus vidas.

En las comidas en casa salen muchos temas interesantes. A veces son recuerdos que compartimos su padre y yo de nuestra infancia; otras veces son temas filosóficos sobre Dios o la muerte. Son momentos relajados en que los niños preguntan con interés y curiosidad y escuchan con más atención de lo normal. ¿Nos queremos perder estos momentos comiendo a toda prisa o con la tele encendida?

¿En qué valores nos apoyamos para comer en familia?

Antes de nada, deberíamos reflexionar sobre el concepto *valor*. ¿Qué es un valor? Dice el diccionario que es el grado de aptitud o utilidad de las cosas, para lograr satisfacer las necesidades o para suministrar o producir deleite o bienestar. Desde el punto de vista filosófico se entiende como valor moral aquel que se relaciona con el comportamiento, actitudes y la dignidad del ser humano. Es un principio ético por el que un individuo se comporta de una manera determinada en una situación dada.

Ambas definiciones se pueden aplicar a este apartado. Cuando comemos en familia estamos dando un valor al hecho de sentarnos juntos a la mesa. Tiene el valor de proporcionarnos bienestar, cohesión familiar, deleite de la comida… y al mismo tiempo, estamos inculcando unos valores morales a nuestros hijos. Les transmitimos unas actitudes frente a la comida y unas normas de comportamiento en la mesa. Les enseñamos a respetar a sus hermanos y su turno de palabra, a ser tolerantes con ideas que sean diferentes a las suyas, a hablar de sí mismos y ponerse en el lugar de los demás. Sin duda, comer en familia es una escuela de valores.

1. Nuestra actitud, el mejor ejemplo

¿Cuántas veces hemos dicho «los niños todo lo copian» o «la mejor lección es un buen ejemplo»? Estas frases indican que las personas aprendemos unas de otras a través de la observación y la imitación. También los hábitos en el comer se aprenden durante la infancia por medio de la observación y se repiten en la edad adulta.

En la década de los 60, el psicólogo canadiense Albert Bandura investigó acerca del aprendizaje por modelado. Su teoría, también conocida como *aprendizaje por observación, imitación* o *aprendizaje vicario*, hacía referencia a que el aprendizaje se produce por observación de las conductas y la posterior imitación de las mismas. Los niños, de manera casi innata, observan a sus mayores e imitan su conducta. O lo que es lo mismo, hacen lo que ven en los adultos.

El aprendizaje que más se consolida es aquel que proviene de sus figuras parentales ya que somos nosotros, los padres, los que establecimos desde antes de nacer su primer vínculo afectivo. Además, los padres somos los modelos más eficaces para ellos porque les merecemos (al menos en la infancia) cierta admiración y respeto. Basta observar cómo un niño de 3 o 4 años habla de sus papás. Para él sus padres son los más listos, los más guapos, los mejores… Los padres somos las figuras adultas más cercanas a su mundo: conocemos a sus amigos, sus gustos y sus juguetes, les cuidamos y alimentamos. Por eso imitan todo lo que hacemos.

Así, cuando nuestros hijos comparten la mesa con nosotros, observan: cómo comemos, de qué nos servimos más, qué actitud tenemos ante la comida, si la disfrutamos y paladeamos o apenas masticamos, si disfrutamos o es un mero trámite… y de esa observación sacan un aprendizaje que tienden luego a reproducir. El niño que observa comer a sus padres muy rápido, tenderá a imitarlos.

Por eso, los factores ambientales y el entorno tienen tanta importancia. Si un niño come en casa gran variedad de alimentos, cuando salga fuera comerá de todo. Si observa que el rato de comer o cenar es especial porque sus padres lo preparan con cariño y comparten un rato juntos, de mayor ese niño disfrutará del comer pausado y la sobremesa. Si los padres mastican sin prisa los alimentos y comen pausadamente, ellos harán igual. Si en casa se cocinan comidas nuevas, estarán acostumbrados a probar nuevos sabores sin rechazarlos de partida.

Además, no podemos pasar por alto el dato de que en los hogares de padres con sobrepeso la probabilidad de que los hijos también lo padezcan asciende a un 50-80 % más que en población con un peso normalizado. Es muy frecuente encontrar familias en las que todos sus integrantes tengan sobrepeso. Los hábitos de alimentación, el estilo de vida sedentario y la manera de cocinar se transmiten a los niños y estos terminan adoptándolos como propios.

Hagamos un sencillo ejercicio de autoevaluación. Ten a mano papel y lápiz para contestar las siguientes preguntas:

- ¿En qué soy buen ejemplo para mis hijos?
- ¿Qué aspecto de mi manera de alimentarme me gustaría que NO imitaran?
- ¿Cómo puedo mejorarlo?

A veces necesitamos un aliciente externo, una motivación ajena a nosotros para ponernos en marcha. En mi consulta encuentro a muchas personas que no logran la motivación interna necesaria para perder peso. En cambio, se motivan mucho cuando tienen un acontecimiento importante al que acudir y quieren lucir una buena imagen. Una boda, las Navidades o un encuentro con personas a las que hace tiempo que no vemos, se pueden convertir en un motor para empezar a perder peso.

Lo mismo nos puede pasar a nosotros como padres. El hecho de hacernos conscientes de que nuestros hijos no se alimentan bien o están imitando nuestras malas costumbres, podría ser un revulsivo para empezar a ordenarnos en el comer y cuidar más nuestra alimentación.

2. *Educar el paladar*

Es importante comer de manera variada y proporcionada. Estas pautas nos pueden ayudar a educar a nuestros hijos en unos hábitos de alimentación saludables, pero sabemos que comer no solo es eso. Comer tiene que ver con nuestros valores, nuestra actitud y la cultura gastronómica. A comer se educa. Cuando comemos participan todos nuestros sentidos. Entran en juego el gusto, el apetito, la textura, la temperatura, la vista, el olfato.

Si queremos que nuestros hijos aprendan a comer de todo, hemos de fomentar la curiosidad en ellos. Cuando variamos la presentación de un plato o introducimos un ingrediente nuevo, les estamos dando la oportunidad de vivir el cambio como una aventura o un juego. Salgamos de la rutina y disfrutemos de sabores, texturas y presentaciones nuevos.

Si nos vamos de viaje tenemos la oportunidad en bandeja para probar nuevos platos. Viajar es una excelente oportunidad para conocer nuestros alimentos y platos típicos de cada región. Al preparar el viaje, no os olvidéis de investigar la gastronomía de la zona. Los niños aprenderán nombres de platos nuevos y despertarás su curiosidad por probarlos. Descubrirán que no se come igual en todos los sitios. Que sus platos habituales no lo son para todo el mundo.

 No es necesario viajar lejos para conocer sabores y platos de otros países. Ni siquiera tenemos que salir a un restaurante. Organiza en casa una noche temática sobre un país que os resulte interesante (Japón, China, EEUU, Méjico...). Pensad el menú entre todos. Si queréis hacer la noche aún más divertida podéis disfrazaros con algo típico de allí y sentiros como ¡verdaderos autóctonos de la zona!

 Juego de la comida típica: en mi familia cuando vamos de viaje en coche y los niños están cansados jugamos a esto. ¿De dónde es típico (tal alimento)? Ahí van algunas ideas: paella, bacalao dorado, pizza, *noodles*, hamburguesa, *baguette*, mejillones con patatas fritas, salchichas, frijoles, ceviche, empanada, *calçots*, pasiegos, *fish and chips*, caviar, *couscous*, *tajine*, *raclette*. De una manera lúdica estamos ampliando la cultura gastronómica de nuestros hijos.

 Lleva a los niños al mercado. Nuestros hijos están acostumbrados a ver la comida en el plato o alimentos envasados o procesados en la despensa. Atrévete a llevarlos al mercado y que descubran los colores, formas y olores que tienen los alimentos frescos. Descubrirán frutas, verduras y plantas aromáticas; aprenderán el nombre de nuevos pescados y los distintos cortes de la carne. Déjales que elijan ellos un alimento y luego lo preparen en casa con tu ayuda. Así estarás desarrollando su capacidad de disfrutar de la comida y su preparación.

 Invita a tus hijos a entrar en la cocina, a leer revistas de cocina o ver algún programa en el que cocinen. Si veis algún programa juntos podéis idear la próxima comida del fin de semana. Anímalos a que te ayuden en la cocina. Empieza por darles pequeñas tareas para que cojan confianza y ve dándoles luego más libertad e iniciativa. Déjales que toquen los alimentos, que se familiaricen con la textura y el olor, que emplaten ellos. Así fomentarás la experiencia de disfrutar y comer con los sentidos.

¡Contágiales el entusiasmo y la curiosidad por probar cosas nuevas!

Te propongo algunos juegos más para educar el paladar de tus hijos:

Juego de sabores (3-6 años). Prepara alimentos amargos, dulces, salados y ácidos y con los ojos cerrados déjales que vayan probando y adivinando el tipo de gusto que tiene. Con este juego buscamos educar el paladar de los más pequeños y que aprendan a diferenciar los distintos sabores. Estaremos estimulando el sentido del sabor.

Juego de adivinanza con los niños. Tapa los ojos de los niños con un pañuelo y preséntales varios platos con alimentos crudos y cocinados. Tendrán que adivinar qué ingredientes llevan. Los niños pueden entrenar sus papilas gustativas e identificar matices, aromas, o ligeros toques de hierbas aromáticas.

Juega a ser un crítico gastronómico. Prepara una bonita mesa e invítales a sentarse para tener una comida especial. Diles que son jueces gastronómicos y tienen que describir el plato: paladear los sabores y la textura, oler antes de empezar, observar su apariencia, valorar la presentación.

3. Todos participamos: disfrutar de su preparación

No hay cosa que les guste más a los niños que entrar en la cocina y jugar a ser cocineros. Cocinar está de moda. Solo con encender la tele nos encontramos varias versiones de concursos de cocina. Estos programas han acercado la experiencia de cocinar y han universalizado el gusto por comer bien. Antes, comer al estilo *gourmet* estaba reservado para buenos bolsillos y personas sofisticadas. Hoy todo el mundo tiene al alcance de la mano artículos un poco más selectos en los supermercados y en casa puede preparar el plato de un famoso chef.

Los niños no se han librado de esta moda. También hay para ellos concursos, programas y pequeños chefs famosos con los que el resto de niños se identifican. Este fenómeno despierta en ellos las ganas de cocinar y el interés por comer cosas nuevas. Abundan los libros de recetas para niños con mil ideas para cocinar verduras o pescados. Quedaron atrás los libros que se limitaban a enseñar a los niños a hacer bizcochos o galletas. A este fenómeno hay que añadirle el impulso y la energía que ponemos los padres para que nuestros hijos estén estimulados.

Los niños que cocinan, desarrollan una actitud muy positiva hacia la comida. Entrar en la cocina les permite explorar con todos los sentidos los alimentos. Pueden tocar, comprobar texturas, oler, ver, saborear... y, sobre todo, pueden experimentar. La cocina desarrolla su creatividad y curiosidad. Si les damos permiso, pueden jugar con las mezclas de sabores, crear nuevas recetas, descubrir otras o hacer alguna receta conocida a su manera. Cuando un niño cocina, de manera natural quiere probar lo que ha preparado y esto es un excelente inicio para familiarizarse con los alimentos e ir introduciéndolos en su dieta.

Además, la cocina estimula cognitivamente a los niños: antes de empezar, tienen que pensar qué van a hacer, cuáles son los ingredientes necesarios y los pasos a dar y esto supone un trabajo mental de anticipación y preparación importante. La memoria, la concentración y la organización de nuestra conducta son procesos cognitivos superiores que entran en juego cuando cocinamos. Y a esto hay que añadirle la destreza visomanual que requiere la cocina. Para cocinar necesitamos las manos: cortamos, pelamos, amasamos y tenemos que calcular medidas de peso y distancia para no derramar los ingredientes.

Obviamente, cada edad tiene su capacidad y no podemos pedir lo mismo a un niño de 3 años que a uno de 11. Iremos subiendo la dificultad de su «misión» a medida que vaya desarrollando más destrezas en el manejo de utensilios de cocina. Si en lugar de prohibir tocar la vitrocerámica o los cuchillos, les enseñamos el peligro y les damos herramientas adaptadas, ellos lo incorporarán normalidad y podrán hacer muchas cosas. En la actualidad hay muchos utensilios de cocina adaptados a niños que reducen los riesgos de que se corten o se hagan daño.

 Invitar a los niños a entrar en la cocina es una oportunidad excelente para pasarlo bien en familia, educar su paladar e introducir nuestros sabores y darle un carácter lúdico a la comida y su preparación.

Pero no olvidemos que para comer o cenar en familia no solo hay que cocinar. También hay que limpiar y recoger todo lo que hemos utilizado. Debemos educar en colaborar para preparar la mesa, ponerla bonita, contar todos los que somos, planificar qué cubiertos y platos vamos a necesitar… y lo mismo al acabar. Comer en familia supone que todos participemos al cocinar y recoger, poniendo y quitando la mesa, no solo mamá o papá.

 Carnet de cocinero. Los niños quieren hacer las mismas cosas que los mayores y vestirse como ellos. Consigue un gorro de cocinero y un delantal tamaño niño. Invita a tu hijo a cocinar como si fuera un cocinero profesional. Elabora un pequeño carnet con su nombre y foto y en el reverso ve anotando los diferentes platos que vaya elaborando. También puedes enviar una foto al resto de la familia con la comida tan rica que acaba de preparar tu hijo. Se sentirá todo un chef. ¡Le va a encantar cocinar contigo!

4. Para todos lo mismo

Muchas familias hacen comida «especial» para los niños porque lo comen mejor o porque les gusta más. Lo que en un principio nos facilita la vida familiar, a medio o largo plazo nos creará un problema. Habituar a los niños a comer lo mismo que los mayores es una sana costumbre. Los niños se sienten más incluidos en el sistema familiar, dejan de verse como pequeños y toman como «normal» comer de todo y con todos.

Recuerdo un caso del programa de televisión *Supernanny*. Un niño de 9 o 10 años que solo comía croquetas y salchichas, y de una única marca. Este niño presentaba sobrepeso y malnutrición porque tenía una dieta poco variada, sin frutas y verduras, con proteína de baja de calidad y exceso de hidratos *trans* y grasas malas. Pero, además, este niño se había convertido en un tirano en su casa porque exigía a sus padres este menú todos los días y dejaba de comer cuando no le ponían su marca de salchichas favorita.

Hace poco me contaban el caso de otro niño que solo comía macarrones y croquetas de su abuela. Cuando el niño comía fuera de casa o se iba de viaje llevaba un táper con las croquetas que le había hecho su abuela. En ambos casos, seguramente todo empezó de la misma forma: niños *malos comedores* y padres desesperados que comprueban que hay algo que comen bien y empiezan a dárselo todos los días. Al poco tiempo tiran la toalla para que el niño coma más cosas y su dieta se queda reducida a dos platos.

Lograr que los niños coman de todo requiere esfuerzo y paciencia considerables. Es un proceso de aprendizaje que llevará su tiempo, pero en el que merece la pena invertir. Si dedicamos energía a ello tendremos en el futuro hijos que coman de todo, que se atrevan a probar nuestros sabores y que viajen adaptándose a las costumbres de cada sitio sin problema. En capítulos anteriores hablábamos de la trampa de los menús infantiles. Su oferta es muy reducida y la calidad de la comida mala. Con estos menús encorsetamos a los niños en sabores conocidos y les privamos de la posibilidad de probar nuevos platos.

En muchas ocasiones llegamos a casa cansados y sin ganas de cocinar, pero sentimos que es nuestra obligación preparar una cena equilibrada a los niños. Así que hacemos el último esfuerzo del día para ellos y nosotros cenamos lo primero que pillamos en la nevera o nos ponemos a picar mientras ellos cenan. Recuerda que los niños aprenden por observación y que tarde o temprano terminarán haciendo aquello que han visto, por eso es bueno que todos comáis lo mismo.

Sentarse a la mesa, aunque sea para tomar la merienda, y comer juntos lo mismo son hábitos muy saludables. Deberíamos hacer una sola compra de la que todos nos alimentemos. Hay familias en las que se compran diferentes cosas y se cocinan varios platos para los miembros de la familia. Esto, además de complicar la organización doméstica, puede convertirnos en personas demasiado selectivas y maniáticas con la comida. Comer lo que hay y con gusto es toda una virtud.

5. Compartir: se acabó obligar y premiar

A pesar de todo lo que hemos comentado hasta ahora, a veces surgen las dificultades. No todos los niños comen bien a la primera, no todos se animan a probar nuevos sabores. El proceso de educar el paladar, como cualquier proceso de aprendizaje, requiere unos tiempos. No podemos pretender introducir sabores difíciles (algunas verduras, pescados) en un día. El niño poco a poco deberá irse habituando.

La naturaleza es muy sabia. Durante los primeros meses de vida el bebé se alimentará de leche materna. Esta leche procede de la madre y de su alimentación. La leche materna no siempre tiene el mismo sabor; se ve afectada por los alimentos que haya comido la madre. Así de manera natural y suave, el niño percibirá distintos sabores a través del pecho de la madre y cuando empiecen a introducir nuevos alimentos en su dieta no será un cambio tan brusco.

En este proceso no podemos caer en posturas rígidas. Una buena manera de animar a los niños a probar nuevos alimentos es sentándoles a la mesa con nosotros desde pequeños, en la trona. Podemos dejar a su alcance algún alimento natural que pueda chupar, tocar y saborear. Los bebés utilizan la boca para conocer y descubrir su entorno. Si pueden tocar y chupar la comida con libertad, se familiarizarán con esta y no tendrán reparo a probar nuevas cosas.

Las primeras veces deberíamos animarle a probarlo y, si lo hace, felicitarle. Castigar al niño por no comer algo que no le gusta, no va a ayudar. Es más, agudiza el rechazo a ese alimento. Ellos pensarán que por culpa de esa verdura o pescado le han regañado o castigado, así que ese alimento es malo. Si el rechazo al alimento es importante, podríamos intentar prepararlo de otra manera o buscar un acompañamiento que le guste y pueda comerlo junto.

Jugar con la presentación del plato puede ayudar. Decorarlo como si fuera una carita o la forma de un juguete puede darle a ese momento un toque lúdico y divertido. A lo mejor el niño rechaza la textura cruda de ese alimento (por ejemplo, la zanahoria) y en cambio lo acepta mejor cocido. En otros casos, no le gusta el alimento por separado, pero se lo come bien acompañado de una salsa junto a otros ingredientes.

Cuando hayamos pasado esta etapa inicial y el niño siga negándose a comer algún alimento, podríamos *negociar* con él la cantidad que va a comer. Le explicaremos que en casa comemos de todo, aunque no todo nos guste por igual, y buscaremos un acuerdo de cuánto se va a comer. Así lograremos que supere el objetivo de comer ese alimento en lugar de reforzar su aversión por la comida y el niño se sentirá satisfecho por haber cumplido el objetivo pactado.

No es recomendable llenar el plato de comida que el niño rechaza ni amenazarle con volver a ponerle el plato en la merienda o la cena si no lo acaba... Estos métodos van a reforzar su aversión y van en contra de nuestro objetivo que es comer de todo, aunque no sea nuestro plato favorito. No queremos que la comida sea un vehículo de premio o castigo. Además, recordemos que el mejor modelo somos los padres y si los niños nos ven disfrutando de comer todo tipo de alimentos, a la larga, ellos también lo harán. ¡Anímalos a probar!

6. Valoramos la comida

En el capítulo 1 hablábamos de que comer sano es, entre otras muchas cosas, cuidar el medio ambiente. Y considero que es fundamental transmitir este valor a nuestros hijos. En nuestro entorno no hay carencias nutricionales, tenemos gran variedad de alimentos a nuestro alcance y esto puede hacer más difícil que los niños valoren la suerte que tienen de comer bien cada día.

Hay una lectura que me ha abierto los ojos a esta realidad. El libro *Los tomates de verdad son feos*, de Manuel Bruscas, versa sobre el despilfarro de la comida, la injusta distribución de los bienes en el mundo y el poco valor que le damos a la comida y todo el proceso de elaboración.

Recordemos que un tercio de la comida que producimos y consumimos en el primer mundo termina en la basura. Eso significa que tiramos comida en casa, en restaurantes, en el comedor del colegio o del trabajo...

Muchos niños se quejan de la calidad de la comida del colegio y me consta que comen poco y tiran mucho. Ellos tienen una mentalidad de abundancia mal enfocada: «*total, piensan ellos, como ahora voy a casa a merendar y luego tengo una cena rica, me dejo la comida del cole en el plato*». Que tengamos comida de sobra no supone que la podamos despilfarrar. Debemos hacerles responsables en el uso de la comida y mostrarles la importancia de agradecer que unas personas la cocinaron para ellos y que tenemos la suerte de poder comer bien 4-5 veces al día.

También habla de la *dictadura de la estética* para explicarnos que los consumidores (y como consecuencia los encargados de las grandes superficies) solo queremos comer alimentos bonitos: naranjas brillantes, manzanas perfectamente redondas, tomates grandes. Y como solo compramos alimentos que tengan una apariencia perfecta (aunque perdamos en sabor), entre un 25 y un 40 % de la fruta y verdura son rechazadas y tiradas por parte de las cadenas de distribución.

Nuestros hijos (y muchos de los adultos) solo quieren comer alimentos que tengan una apariencia impecable. Hemos de explicarles que la comida que tiramos a la basura es un despilfarro para el planeta y que un alimento puede ser muy nutritivo y tener buen sabor a pesar de que no sea perfecto en su apariencia. Tenemos que educarles en el consumo responsable y el no despilfarro. Un consumo responsable supone que miremos la nevera y la despensa antes de ir a la compra para no tener alimentos duplicados y comprar lo que realmente necesitamos.

Somos su mejor ejemplo: si compramos con moderación para evitar tener excedentes que caduquen y que luego tengamos que tirar a la basura, si valoramos la comida que tenemos cada día en el plato evitando hacer comentarios caprichosos sobre su apariencia, si ven que guardamos la comida que ha sobrado para comerla en otro momento... se estarán dando cuenta que damos valor a la comida y no la derrochamos. Además, podemos reutilizar restos de comida para hacer otra (croquetas con la carne del cocido, puré con el caldo que sobró, mermelada con fruta madura, pan rallado con el pan duro que sobró en casa, etc.).

Para evitar el desperdicio de tanta comida deberíamos pensar soluciones creativas. Hay iniciativas valientes de particulares, ONG y gobiernos para donar los excedentes de comida domésticos o de mayor escala (restaurantes, comedores escolares). Por ejemplo, en 2015 nació la Nevera Solidaria en Galdakao con el objetivo de reaprovechar la comida que nos sobra y evitar el despilfarro. Así en una nevera doméstica cualquier persona, comercio o restaurante podía depositar excedentes de comida en buen estado. Después, cualquier persona que lo necesitara se podía llevar esos productos para su propio consumo. Poco a poco se fueron abriendo más neveras en otras localidades y en marzo de 2017 ya había 14.

La ONG Prosalus puso en marcha un proyecto titulado: «Yo no desperdicio». El objetivo que buscan es crear una comunidad en la que aquellas personas que tienen excedentes de comida apta para el consumo, la compartan con quienes lo necesitan. A través de un sencillo enlace *online* ponen en contacto a las dos partes y así están evitando que se despilfarre tanta comida.

Manuel Bruscas nos anima a no cerrar los ojos a esta realidad tan escandalosa y preguntarnos dónde va a parar la comida que dejamos en el plato de un restaurante, qué se hace con la comida sobrante de los comedores de nuestros hijos. Nos invita a preguntar, a indagar y a quejarnos cuando la comida se tire sin más. Es profundamente ecológico pedir que nos empaqueten la comida que no hemos terminado en un restaurante o congelar lo que nos ha sobrado de una comida familiar o aprender a reutilizar sobras de la nevera en otros platos.

Actitudes de los padres frente a la comida

Nos preocupa cómo se alimentan nuestros hijos. A veces, nos levantamos del sofá para preparar una cena saludable a nuestros hijos a pesar de estar agotados. Nos obligamos a hacer la compra para que no falte fruta y verdura fresca. Nos bombardean en Internet y en la televisión con mensajes sobre una alimentación saludable, el riesgo de la obesidad infantil, problemas cardiovasculares asociados a una dieta desequilibrada… y así, casi sin darnos cuenta, el miedo anida en nosotros.

A pesar de que todos esos mensajes son ciertos, si terminan obsesionándonos y volviéndonos unos fanáticos de la alimentación saludable, tendremos un nuevo problema. Conozco familias que solo comen frutas y verduras ecológicas, que apenas toman carne o que han eliminado la leche y el azúcar de la despensa de su casa. Personas que solo comen lo que han elaborado en su casa. Yo abogo por poner un poco de cordura y mesura frente a tanto alarmismo.

No pasa nada porque un día nuestro hijo coma un bollo o cene comida rápida. Ni porque vaya a un cumple y coma chuches y dulces. No pasa nada si come pescado congelado o repite dos días el mismo menú. Si tratamos con naturalidad este tema, si no caemos en la rigidez de la perfección, los niños así lo asumirán. Si nos perciben angustiados o pre-ocupados en exceso por ello, también captarán esta actitud. La rigidez puede provocar que nuestros hijos en el futuro huyan de la alimentación saludable como compensación a tanta restricción pasada o sigan la estela de sus padres con posturas obsesivas relativas a la comida sana.

Es clave nuestra actitud como padres hacia la comida y la alimentación. Ahí van algunas actitudes que hay que evitar:

Miedo o angustia por la alimentación de nuestros hijos. Muchos padres acuden a la consulta del pediatra refiriendo que su hijo no come suficiente o come poco variado. Re-cuerdo el caso de un niño de un año que apenas comía. La madre angustiada acudía una y otra vez al pediatra y este la tranquilizaba diciéndole que el niño estaba bien y que no había niños que murieran de hambre teniendo comida al alcance. El problema estaba en la dinámica que se había establecido entre la madre y el hijo a la hora de comer.

Antes de empezar a darle de comer la madre estaba ten-sa y hacía comentarios como: «A ver cuánto tiempo nos lle-va hoy comer». El niño detectaba la angustia de la madre y podían permanecer en la mesa más de una hora para que el niño comiera al menos la mitad de lo que le habían servido. Madre e hijo lo pasaban mal, pero no salían de ahí. El niño había descubierto que si no comía su mamá estaba entrega-da a él y le daba toda la atención que quería.

En este caso, hubo que romper esa dinámica. Al princi-pio la madre dejó de alimentar al niño y lo hacía su padre o la abuela. Cuando el niño escupía la comida o se resistía a tragar, recogían el plato y no se le daba más. En pocos días, el niño comprendió que la dinámica había cambiado y em-pezó a comer cuando tenía hambre. Con la madre tuvimos que trabajar su angustia y llegó a comprender que su hijo no iba a estar desnutrido si comía menos y que era mucho más importante una actitud tranquila para acercarse a su hijo que la cantidad que comiera el niño.

Como decíamos en apartados anteriores, comer bien es un aprendizaje que requiere tiempo y paciencia. Si lográramos cambiar angustia por tranquilidad y sensatez, disfrutaríamos de la infancia de nuestros hijos en lugar de sufrirla. El antídoto del miedo es la confianza. Confiemos en nuestro criterio como padres; confiemos en que una alimentación equilibrada y variada es más que suficiente para que nuestros hijos crezcan sanos. Escuchemos más nuestros criterios internos y menos los mensajes alarmistas y agoreros.

Coacción. Hay muchos niños que se sienten presionados a acabar lo que tienen en el plato. La coacción genera rechazo y tarde o temprano el niño tendrá aversión a la comida. Además, cuando forzamos a un niño a acabar todo lo que tiene en el plato no estamos respetando su proceso natural de saciedad y así perderá ese contacto estrecho con las sensaciones de su cuerpo. A medio plazo ignorará las señales que su cuerpo le envía para informarle de que tiene hambre o está lleno y comerá por impulso, porque toca o por puro placer.

Amenazas y chantaje. ¿Cuántas veces hemos dicho: «Si no lo acabas, no hay tele»? Los castigos y premios hacen que el niño perciba cuánto nos angustia lo poco que come, y jugará con ello para lograr algo a cambio. Otras veces, decimos «con la cantidad de niños que no pueden comer», y ese comentario genera en ellos un sentimiento de culpa que les lleva a comerse todo a pesar de no tener más hambre. En anteriores apartados hemos hablado del despilfarro y derroche tan enorme que hacemos con la comida y los modos de evitarlo. Si el niño se deja comida en el plato no hay por qué tirarla.

Abusar de mensajes sobre comida saludable y alimentos sanos. Repetimos una y otra vez las bondades de los alimentos naturales y los beneficios sobre la salud y los niños terminan cogiéndoles manía por la saturación a la que les sometemos. En publicidad conocen muy bien los efectos que la saturación de mensajes publicitarios tiene sobre sus clientes. Evitemos nosotros hablar continuamente del tema. Demostremos más con hechos nuestros principios, y menos con palabras.

Que la mesa sea un campo de batalla: no podemos convertir la hora de comer o cenar en familia en un pulso entre padres e hijos. En ocasiones ponemos tanto énfasis en que nuestros hijos se comporten adecuadamente en la mesa que nos pasamos toda la comida corrigiendo y regañándoles. Si establecemos unas normas claras y todos las conocemos, podremos evitar peleas durante la comida y charlar tranquilamente entre todos. Una sugerencia es que elaboremos un cartel con las principales normas y las pongamos en un lugar visitado por todos para poder recordarlas y refrescarlas.

Etiquetar a tu hijo. A veces, sin darnos cuenta, comenzamos a hablar de nuestro hijo con una etiqueta: es un poco *especialito*, es *el monstruo de las galletas*... Cuando el niño escucha esos comentarios, puede que se sienta incómodo al principio, pero luego terminará incorporando esos mensajes a la imagen que tiene de sí mismo. Se identificará con ello y tenderá a comportarse de manera *especialita* o como *el monstruo de las galletas*. Es decir, si lo que pretendemos es que nuestro hijo cambie alguna actitud, lo mejor será que no se lo señalemos continuamente ni le colguemos la etiqueta.

Ser muy rígido o exigente con tus hijos y contigo mismo. Ya hemos hablado que prohibir determinados alimentos atrae más la atención y el ansia por comerlos. Una buena actitud es limitar el acceso a estos alimentos para que tu familia lleve una dieta sana. Como decíamos antes, los padres somos el mejor ejemplo para los hijos, por ello, no debemos ser tampoco demasiado estrictos con nosotros mismos. Si establecemos pautas realistas en la alimentación para nosotros y nuestros hijos, la hora de las comidas será más agradable y menos estresante. Buscando la perfección en todos los propósitos podemos caer en una tensión continua que nos impida disfrutar de nuestros hijos y los ratos de comida compartidos.

Mantener un estricto control sobre la dieta. Cuando nuestros hijos son pequeños tenemos un estrecho control sobre su alimentación. Comen lo que les preparamos y se llevan al colegio lo que les hemos comprado, pero a medida que vayan creciendo irán comiendo más a menudo fuera de casa y, a veces, lo harán en exceso. Aunque nos resulte difícil, debemos dejar que nuestros hijos elijan y cometan errores. Al permitirles un mayor control sobre su dieta, estaremos reduciendo la ansiedad por la comida, evitando problemas de alimentación y dándoles oportunidades para aprender por la experiencia mediante el ensayo y el error.

 Recuerda: que la mesa sea un lugar de encuentro y celebración, no un campo de batalla.

Habilidades de comunicación en la mesa

En ocasiones, el rato de estar sentados a la mesa es el único que compartimos en familia todos juntos. Podemos aprovechar este espacio para compartir experiencias y encuentros o que sea un mero trámite que cubramos con vaguedades, mensajes superficiales o el ruido de la tele. Nuestra habilidad para comunicarnos entra en juego cuando nos sentamos a comer o cenar juntos.

Exprimamos ese momento para escucharnos mejor, para compartir algo de nuestro mundo interior, para acercarnos más unos a otros. En mi casa, las cenas y las comidas son espacios para recordar momentos divertidos y bonitos vividos juntos, para programar los que están por llegar, para discutir si hay algún problema o contar novedades del día, alguna anécdota... Hace unos días estuvimos hablando de los viajes que habíamos hecho, cuál nos había gustado más a cada uno, a dónde les gustaría ir el próximo verano o cuando vayan con sus amigos...

1. Una buena escucha

Decía el filósofo griego Zenón de Elea: «Nos han sido dadas dos orejas, pero solo una boca, para que podamos oír más y hablar menos». Parece que hace muchos siglos ya tenían el mismo problema que nosotros: hablar demasiado y escuchar poco. Nos preocupa en exceso que los otros no nos entiendan, pero, ¿ponemos la misma atención al escuchar? En la familia estos problemas de comunicación suceden de manera cotidiana y pudiendo ser el rato de comer juntos una oportunidad para escucharnos de verdad, muchas veces se convierte en una lucha por lograr la atención del resto y hablar de lo nuestro.

Hasta ahora nos hemos detenido mucho en el concepto de comer; pero el título del libro es *Comer en familia*, así que vamos a desarrollar ahora el significado profundo de la segunda parte del título para poder completar su sentido. Seguro que todos nosotros buscamos ser una buena familia para nuestros hijos. El hecho de estar leyendo este libro ya supone que tenemos interés por aprender a comer mejor en familia. Entonces, ¿qué es una buena familia?

Una buena familia es, entre otras cosas, aquella que cuida y alimenta a sus miembros. Pero nos conformaríamos con poco si aceptáramos esa definición, porque sabemos que los cuidados físicos no son suficientes para que un niño crezca sano y se convierta en un adulto maduro y equilibrado. La atención a su dimensión emocional y psicológica tiene también mucha importancia. Las buenas familias atienden a esta dimensión de manera especial. Son familias que nutren y alimentan las necesidades emocionales de sus miembros. Existe el término «familia nutridora» para denominarlas y son aquellas en las que:

- se escucha;
- se tiene en consideración a todos los miembros: se habla con franqueza y se escucha con interés;
- hay fluidez en las relaciones;
- hay calma;
- los integrantes se sienten libres para expresar sus sentimientos y opiniones.

El caso de Pablo refleja bien esta idea. Pablo, de 22 años, vivía con su padre divorciado hacía 3 años. Un día en la consulta hablando de la relación con su padre, me dio un dato muy clarificador: «Desde que vivimos los dos solos, cada uno come por su cuenta. Él prepara la comida o me pregunta qué quiero cenar y luego cena en el salón viendo la tele y yo en la cocina o en mi cuarto con una bandeja». Yo le respondí: «¿Tenéis diferentes horarios? ¿Es que tú no estás en casa a la hora que él come?». Y él respondió que muchas veces comían a la misma hora, pero cada uno en un sitio.

La relación de Pablo con su padre era fría, no hablaban el uno con el otro más que para temas de convivencia casera.

Su padre le cuidaba físicamente preparando su comida y ordenando la casa, pero no atendía a otras necesidades emocionales. No había fluidez en la comunicación ni compartían sentimientos o vivencias emocionales del día a día. Ya que Pablo no era ningún niño, le animé a empezar a romper la regla *cada uno come por su lado* y sentarse junto a su padre para cenar o comer. Al principio casi no hablaban o lo hacían de temas intrascendentes, pero poco a poco la cosa cambió y empezaron a romper sus caparazones de aislamiento.

Sabemos un poco más acerca de las familias nutridoras, pero, ¿cómo podemos llegar a serlo? Un factor fundamental para que una familia sea nutricia o nutridora es que tenga una buena comunicación. ¿Cuáles son *las llaves qué facilitan la comunicación?*

Escuchar activamente

Escuchar no es oír, es mucho más que repetir las palabras que el otro acaba de decir. Escuchar es centrarnos en el otro, no solo lo que dice sino cómo lo dice; estar atentos a todo lo que nos transmite el hablante: su tono, la emoción con la que lo cuenta, el lenguaje no-verbal.

Escuchar activamente consiste en captar el mundo interno de la persona que habla y saber demostrar que le estamos escuchando. Por ejemplo, si nuestro hijo está contando algo que le ha pasado en el colegio mientras cenamos y seguimos masticando mirando nuestro plato o interrumpimos pidiendo el pan, va a sentir que no le escuchamos. En cambio, si nuestra mirada se fija en él, la posición de nuestro cuerpo va dirigida hacia él y asentimos mientras nos habla, se sentirá reconocido y escuchado. De esta manera le estamos demostrando con nuestra mirada, nuestra postura corporal y nuestros gestos que estamos con él, que le escuchamos de verdad.

Escuchemos con nuestro cuerpo y nuestro corazón más que con los oídos.

Empatizar

Es la capacidad de ponerse en el lugar del otro *como si* yo lo estuviera viviendo igual. No es lo mismo que sentir *simpatía*. Cuando sentimos simpatía por alguien nos identificamos con él y dejamos de tener distancia emocional para ayudarle mejor. En cambio, cuando somos empáticos podemos entender cómo se siente esa persona, pero también alejarnos un poco para darle otra visión del problema.

Continuando con el ejemplo de nuestro hijo y su problema en el colegio, sentiríamos simpatía si nos posicionáramos de su lado indignándonos por la faena que le han hecho. Ser empáticos con él nos ayudaría a entender cómo se siente y hacérselo saber, pero también darle otra visión del problema o una vía de solución.

Hacer preguntas abiertas

Son aquellas preguntas que permiten a la persona desarrollar su mensaje. A veces los niños se atascan en mitad de su narración y necesitan que les saquemos de ahí. Hay palabras que abren las preguntas en una conversación y preguntas cerradas que terminan el diálogo con un sí o un no. Cuando preguntamos: ¿qué pasó entonces?, ¿cómo lo resolviste?, le estamos dando la oportunidad a nuestro hijo de que siga contando su historia.

Expresar nuestros sentimientos

En algunos momentos la tensión crece y perdemos los nervios. Entonces tenemos dos opciones, atacar al otro (es que tú…, eres un…), o bien calmarnos y hablar desde lo que sentimos, desde el corazón. Por ejemplo, nuestro hijo nos habla sin respeto y nos exige algo. Nuestra primera reacción podría ser decirle: «¡Eres un maleducado!». Pero existe otra manera de resolver el conflicto que es hablar desde nuestro sentimiento: «Cuando me has hablado sin respeto me he sentido enfadada y triste. Yo te pido las cosas por favor y me gustaría que tú hicieras lo mismo». En ese momento el tono de la conservación ha cambiado completamente. Con bastante seguridad, el niño se habrá dado cuenta de su error y puede que pida perdón.

Pero en el seno de todas las familias surgen dificultades: malos entendidos, gritos, faltas de respeto, posturas encontradas. En esos casos hay elementos que obstaculizan la comunicación o la cortan. Veamos algunas *llaves que cierran la comunicación*:

El lugar o momento inapropiado

Si quiero que se me escuche, he de elegir un momento tranquilo donde me asegure de que se me oye. Y si otro miembro de la familia quiere contarnos algo en un momento muy bullicioso de la comida o la cena, tendremos que posponer la conversación para cuando estemos disponibles con los cinco sentidos. Debemos enseñar a nuestros hijos que cualquier momento *no* es bueno para hablar de cosas importantes y nosotros padres respetar su silencio cuando nos digan que no es un buen momento para ellos para hablar de eso. Hablar en el lugar o momento apropiado puede cambiar totalmente el curso de nuestra conversación. ¡Aprendamos a esperar!

Estados emocionales alterados

Si estamos muy nerviosos, angustiados, enfadados, etc., no vamos a establecer una buena comunicación con el resto.

Es mejor sosegarse y desahogar esa emoción antes de iniciar una conversación. Podríamos decirles: «Ahora mismo no voy a poderte escuchar con toda mi atención. Necesito que esperes a que esté más tranquilo o descansado».

Preguntas de reproche o sarcasmo

Cuando introducimos en la conversación preguntas de este tipo, cortamos la comunicación de cuajo. La persona no se sentirá escuchada y dejará de hablar o se defenderá del ataque. Si nuestro hijo durante la cena, nos habla de un conflicto con un amigo en el colegio y respondemos con «y tu ¿le gritaste como siempre?», es casi seguro que nuestro hijo se pondrá a la defensiva y se enrocará en su posición. Sin darnos cuenta, habremos cerrado la comunicación.

Interrupciones

Cuando interrumpimos, cambiamos de tema o preguntamos en exceso, cortamos el flujo de la comunicación y la persona deja de hablar. Cuando uno de mis hijos se pierde en detalles contándonos algo y nosotros nos ponemos impacientes y empezamos a preguntarle mucho o a apremiarle para que llegue al fin de la historia, nuestra actitud puede hacerle sentir que tenemos prisa o que no se está expresando bien. Comunicarse no es esperar a que el otro calle para empezar nosotros con nuestro discurso. Es escuchar calmadamente, respetando el modo de hablar de la otra persona.

Etiquetar al otro

Si catalogamos al que está hablando y reducimos su mensaje a un juicio de valor o etiqueta, habremos cerrado la posibilidad de una conversación sincera y profunda. Por ejemplo, si en una discusión tildamos a nuestro hijo de «*especialito*» acabamos de cortar la conversación. El niño no tendrá espacio para argumentar sus razones y se quedará con el cartel, y el problema que originó la discusión, sin resolver. Además, el niño se puede escudar en esa etiqueta para justificar su comportamiento y no querer cambiar su actitud: «*como soy especialito, no lo hago*».

2. El proceso de comunicación según Carkhuff

Robert Carkhuff, psicólogo norteamericano discípulo de Carl Rogers, el fundador de la terapia humanista centrada en el cliente, analizó en profundidad el *proceso de la comunicación* y describió las destrezas que entran en juego en este proceso. Vamos a ver más despacio estas destrezas. Si logramos entrenarlas, podremos ponerlas en juego con nuestra familia cuando surjan problemas, a la hora de la comida...

1. La destreza de hablar

Consiste en transmitir el mensaje que quiero y no otra cosa. Es la capacidad de ser claro y conciso. Si queremos que la otra persona nos entienda, hemos de saber expresar en pocas palabras aquello que queremos transmitir. Si nos perdemos en detalles y rodeos, la persona perderá atención y no captará la línea central del mensaje. Uno de mis hijos se pierde en los detalles y da muchos rodeos cuando nos cuenta una cosa. Sus hermanos se desesperan y desconectan, pero nosotros, como padres, tenemos que ayudarle a sintetizar para que vaya mejorando en esta destreza. A veces nos quejamos de que no nos escuchan, pero deberíamos preguntarnos cómo es nuestra capacidad de hablar y transmitir.

2. La destreza de escuchar

Es mucho más que oír palabras. Destacábamos en el apartado anterior la importancia de una escucha activa. Es la capacidad de captar no solo las palabras que emite la otra persona, sino también la emoción que transmite o el mensaje que hay tras esas palabras. No es una escucha literal, sino total (lenguaje verbal, no verbal, tono emocional). Es poner todos nuestros sentidos al servicio de la escucha de esa persona y, lo que es más difícil, nuestra mente atenta a la escucha. Con mucha frecuencia me sorprendo escuchando *aparentemente* a mi hijo y al mismo tiempo pensando en la lista de la compra o a quien tengo que llamar. Mi pensamiento no está tranquilo y sin ruido y por eso no le estoy escuchando de verdad.

3. La destreza de responder

Es la capacidad de captar los datos que nos ha dado la persona junto al sentimiento y saber devolverle con nuestras palabras un resumen de lo que nos ha contado y del sentimiento que todo esto le ha generado. Por ejemplo, nuestro hijo nos cuenta en la cena que ha tenido un problema con un profesor en clase porque le ha regañado sin motivo y está enfadado con él. En lugar de darle la típica respuesta fácil: «Bueno, se habrá equivocado, ya verás cómo mañana va mejor», podríamos responderle de una manera más comprensiva con su sentimiento: «O sea, que te has sentido frustrado porque te has llevado una bronca que crees que no te merecías». Seguro que el niño se siente más escuchado y comprendido.

Como vemos, no vale cualquier respuesta. Hay respuestas condescendientes que dejan a la otra persona indiferente, o respuestas paternalistas que pueden despertar el enfado en el otro. Otro recurso muy frecuente es dar consejos o recetas sin que nos los hayan pedido. Muchas veces solo necesitamos contar lo que nos ha pasado y sentir que alguien nos escucha, no que nos dirijan o nos traten como a niños pequeños.

Hay respuestas perjudiciales y respuestas empáticas. Si nuestro hijo nos cuenta que el profesor le ha regañado injustamente podemos responder con un: «Tú estate callado en clase y ya verás como nadie te regaña». Esta respuesta busca dirigir o mandar y provocará rechazo en nuestro hijo al sentir que no le hemos escuchado. Si decimos: «Como mañana te vuelva a pasar lo mismo, vamos a hablar tu y yo seriamente». Esto es una amenaza y el niño se sentirá más incomprendido aún.

Hay respuestas que tienden a interpretar lo sucedido o a juzgarlo sin saber del todo qué paso; es decir con unos cuantos datos, nosotros padres, sacamos una conclusión incuestionable del acontecimiento: «Esto te ha pasado porque habrás estado comentando cosas en clase como siempre». Antes de juzgar un hecho o hacer una interpretación, deberíamos preguntar a nuestro hijo qué es lo que pasó realmente, por qué el profesor pudo reaccionar así o cuál es su parte de responsabilidad en el problema… Si recogemos más información podremos hacernos una idea más clara de lo sucedido.

Por eso deberíamos evitar respuestas que busquen dirigir, amenazar o chantajear, culpar, dar recetas, juzgar o interpretar, ridiculizar o adular en exceso. Puede que te sientas reflejado con alguna de estas respuestas perjudiciales; no te preocupes, todos hemos recurrido a ellas en alguna ocasión. Si te das cuenta de tu equivocación discúlpate e intenta darle otra respuesta a tu hijo. Los padres nos equivocamos muchas veces; lo importante es darse cuenta.

4. La destreza de resolver problemas

Si la mesa es un lugar de encuentro, seguro que en alguna ocasión ha salido a la luz un conflicto o un problema de ese día. Aprovechad como padres esa oportunidad para escuchar lo que les preocupa a vuestros hijos. Una vez que lo hayan sacado y les hayamos mostrado que les entendemos, es momento de reconducir la situación. Cuando tenemos un problema tendemos a verlo solo desde una óptica. Será de gran ayuda poder darles otra visión u otra interpretación del asunto para quitarle gravedad o lograr una comprensión más global.

Tratemos de evitar darle la solución nosotros. Cuando imponemos la solución, estamos anulando la capacidad de resolución de nuestro hijo. Es mejor pensar juntos una salida que zanjar el tema rápidamente con nuestra receta. Si estamos en la mesa, podemos implicar a toda la familia en la resolución del problema. Pregúntales: ¿cómo podría resolver este problema? ¿Qué podría hacer para solucionarlo? A veces, ¡los hermanos más pequeños tienen grandes ideas! Son espontáneos y creativos por naturaleza y tienen una intuición que nos puede ayudar mucho al resto de la familia.

3. El arte de preguntar

¿De qué hablamos cuando estamos a la mesa? Llegados a este punto del libro, muchos de nosotros estaremos de acuerdo con la idea de que comunicarnos con fluidez y profundidad en el momento de la comida o cena es algo muy satisfactorio para todos. Si queremos que la mesa sea un espacio de encuentro familiar, hemos de preparar y cuidar ese momento. Pero no siempre sabemos cómo hacerlo.

Y es que no nacemos sabiendo comunicarnos. En los primeros meses de vida, el llanto es la manera que tenemos de hacer saber a nuestros padres que tenemos hambre, sueño, el pañal sucio o alguna molestia. Con el paso de los meses vamos adquiriendo el lenguaje que nos permite decir lo que necesitamos: agua, galleta, frio, dormir, chupete… Pero eso tampoco es comunicarnos.

Para hacerlo bien, necesitaríamos toda una vida. Tenemos que seguir aprendiendo para mejorar nuestra capacidad de comunicación. Por eso acudimos a escuelas de padres o talleres de comunicación, para poder hablar en profundidad con nuestros hijos y con nuestra pareja. Escuchar con el corazón y saber preguntar son un arte que hay que entrenar y que se puede mejorar.

Muchos padres se quejan de que sus hijos no hablan en casa y no les cuentan nada. Por eso, hace unos meses, en una reunión del colegio de mis hijos, las tutoras nos dieron un papel titulado «¿Qué tal en el cole hoy?». En él encontramos múltiples preguntas para hacerles a nuestros hijos al salir del cole. Hay personas, niños y adultos, a las que les cuesta hablar de sí mismos y de sus cosas y necesitan una ayudita para sacar lo que han vivido ese día, para hablar de lo que les preocupa. Estas preguntas que ahora os presento pueden ser *abrepuertas* para el rato compartido de la cena.

- ¿Qué es lo que más te ha gustado del día?
- ¿Qué has comido a mediodía?
- ¿A qué has jugado en el recreo?
- ¿Qué es lo más divertido que te ha pasado hoy?
- ¿Hay alguien que ha hecho algo bueno para ti o te haya ayudado?
- ¿Has ayudado a alguien?
- ¿Has aprendido algo nuevo hoy?

- ¿Tienes alguna anécdota de hoy?
- ¿Qué reto has afrontado hoy?
- ¿Qué nota le pondrías a tu jornada de hoy, del 1 al 10? ¿Por qué?
- ¿Cuál es la cosa más divertida que puedes hacer durante el recreo?
- ¿Por qué te sientes agradecido hoy?
- ¿Cuál ha sido la cosa más aburrida que has hecho hoy?
- ¿Quién te ha hecho reír hoy?
- ¿Alguien te ha hecho enfadar hoy?
- ¿Te has sentido orgulloso hoy por algo?
- ¿Te sientes agradecido hoy por algo?

Ojalá no nos demos por satisfechos con el típico: «¿Qué tal el día?». «*Bien*». Por cierto, esto es un ejemplo de una pregunta cerrada que corta la comunicación, porque con una sola palabra se acaba la conversación. En cambio, muchas de las preguntas que aparecen arriba, permiten que nuestros hijos (y nosotros mismos) puedan desarrollar de manera más amplia su experiencia.

4. *Hablar desde el interior*

Volviendo a los *abrepuertas*, vamos a leer de nuevo las cuatro últimas preguntas.

- ¿Quién te ha hecho reír hoy?
- ¿Alguien te ha hecho enfadar hoy?
- ¿Te has sentido orgulloso hoy por algo?
- ¿Te sientes agradecido hoy por algo?
- ¿Sabéis que tienen en común? Que preguntan por las emociones.

En mi consulta repito una y otra vez esta pregunta: ¿cómo te sientes? Y una gran mayoría contesta: «Bien/mal/normal». Esto refleja el vocabulario tan reducido que usamos para hablar de lo que sentimos. Vivimos muy alejados de nuestros sentimientos y demasiado identificados con nuestro pensamiento. Tenemos miedo de nuestras emociones, porque no las conocemos ni las sabemos manejar y por eso preferimos ignorarlas y dejarlas guardadas en algún rincón. Al conectar tan poco con nuestros sentimientos, nos vamos empobreciendo emocionalmente. Y no es que no sintamos, es que no nos damos cuenta de nuestras emociones ni tampoco sabemos nombrarlas.

Si nos preguntáramos con frecuencia (al menos cinco veces al día): «¿Qué siento ahora?», al principio tendríamos dificultad para encontrar la palabra, pero poco a poco podríamos distinguir un montón de matices de nuestro mundo emocional. Solo cuando conocemos nuestras emociones podemos gestionarlas bien.

El primer paso será identificar y nombrar nuestras emociones y el segundo, hablar de ello con nuestra gente querida (familia, amigos). Es cierto que frecuentamos poco la conversación emocional. Solemos vivir en una plácida superficialidad y la falta de contacto con nuestro mundo emocional nos empobrece y nos resta hondura en la vida. Piensa en momentos intensos y únicos de tu vida que hayas compartido con alguien. ¿Hablabais del tiempo o compartíais lo que había en vuestro corazón? Seguramente, los momentos más importantes de nuestra vida han sucedido en un ambiente íntimo, en contacto con la emoción y rodeados de gente querida.

Y esa oportunidad se nos ofrece cada vez que nos sentamos a la mesa con nuestra familia. Aunque hablar desde el interior sea un hábito poco frecuente, tenemos a diario la posibilidad de practicarlo con ellos. Compartir en la mesa alguna situación emocional diaria nos puede ayudar a crear un hábito para hablar en casa desde el corazón. Los padres somos los mejores maestros para enseñar a nuestros hijos a hablar desde el interior. Y como siempre, ellos aprenderán esto imitándonos.

De esta manera, si los padres compartimos en la mesa cómo ha ido nuestro día, qué hemos sentido, si hay algo que nos preocupa o algo que nos ha divertido… ellos se animarán también a hacerlo. ¡Pruébalo!

En el capítulo siguiente hablaremos detenidamente de la importancia de contactar con nuestras emociones para que no se interpongan entre nosotros y la comida; y en él pondremos a prueba nuestro vocabulario emocional con un pequeño juego.

Capítulo 5

La comida y las emociones

¿Qué te alimenta en la vida? ¿Qué te nutre por dentro además de la comida? Los nutrientes emocionales son aquellas cosas que te aportan bienestar, tranquilidad y felicidad. Pueden ser externos, porque nos los dan otras personas, o internos, porque nos los proporcionamos nosotros mismos: cuidarnos, fomentar nuestros *hobbies*, contemplar la naturaleza, meditar...

Llevamos una vida llena de obligaciones y prisas con muy poco espacio para el disfrute y el relax. Nos tratamos a nosotros mismos con mucha austeridad y exigencia, racionándonos los ratos de placer y bienestar. Nuestra vida, en ocasiones, se estrecha y reduce tanto que solo queda hueco para el placer en los ratos que comemos.

La comida como nutriente emocional

Desde que nacemos hemos establecido una relación muy fuerte entre el comer y el afecto. Una mamá que amamanta a su bebé no solo lo alimenta: le da calor, afecto, contacto. Desde sus primeros días de vida, el bebé establece una unión muy fuerte entre la comida y el sentirse querido y cuidado. No hay más que observar cómo un bebé recién nacido, desvalido y vulnerable, se calma en cuanto se engancha al pecho de su madre. El contacto de su piel con la piel de la madre, el calor, el olor que desprende su madre le hacen sentir en lugar seguro.

Es muy común cuando un bebé llora que la gente mayor en seguida diga: «ponle al pecho que tiene hambre». Y muchas veces no es hambre física, es hambre de contacto, de cariño y de seguridad. De hecho, al instante el bebé se ha calmado. La madre hace conexión con su mirada y le transmite amor, apoyo incondicional y le nutre emocionalmente. El vehículo o el canal por el que pasa ese afecto es la leche materna. Por eso, de manera automática el bebé asocia la leche con el afecto de su mamá y los ratos que está mamando el bebé se siente seguro y confiado.

El niño va creciendo y ganando autonomía, tritura los alimentos y empieza a comer solo, pero su mamá o su papá le preparan la comida y le dan un mensaje implícito de «eres importante para mí, te quiero y te cuido». Por eso, aun siendo ya adultos, cuando nos resfriamos o nos sentimos enfermos, la leche caliente o la sopa nos trasladan a aquellos tiempos de la infancia y ejercen el mismo poder «curativo» que cuando éramos pequeños. El vaso de leche calentita o una buena sopa nos reconforta, nos recupera y nos aporta bienestar.

Para entender de qué manera la comida ha sido un nutriente emocional en nuestra vida, debemos poner atención a nuestros primeros años de vida. La historia de cada uno determina nuestro estilo de alimentación. Hemos de entender de dónde venimos y qué aprendimos en nuestra infancia. Y como nuestra relación con la comida viene de atrás, hemos de ser conscientes de los patrones de alimentación heredados. Por ejemplo, el siguiente trabajo de investigación en los patrones de alimentación en la infancia lo hicimos con Alberto, de 48 años, cuando llegó a mi consulta por no lograr perder peso.

Alberto era padre de familia numerosa y tenía una vida próspera, pero presentaba sobrepeso. Nació también en el seno de una familia numerosa y aunque nunca faltaba la comida en su casa, percibió desde muy pequeño que había que buscarse la vida para no quedarse sin su trozo de tarta. Ya de bebé, le contaban, lloraba continuamente y solo paraba si le daban de comer. Cuando fue creciendo, recuerda que al terminar las comidas familiares se quedaba comiendo lo que sus hermanos habían dejado en los platos. Hoy Alberto, al llegar a su casa, abre la nevera y devora, por si luego le queda poca cena tras el paso de sus hijos por la mesa.

Esta historia real de privación física y emocional muestra con claridad que las vivencias de la infancia marcan nuestros patrones de alimentación en la madurez. En este caso, el trozo de tarta por el que luchaba en su infancia era su ración de afecto y reconocimiento de sus padres. Él estableció una unión muy fuerte entre la comida y sentirse calmado y querido. Le contaban que lloraba continuamente. Eso quiere decir que necesitaba más afecto del que recibía y que solo estaba calmado cuando comía. O, lo que es lo mismo, cuando su hambre emocional se veía satisfecha.

Durante el trabajo en terapia, Alberto pudo darse cuenta de que siendo ahora adulto seguía repitiendo esos mismos patrones, y que al llegar a casa tomaba su *ración de tarta*, de calma y seguridad, antes de que sus hijos se lo acabaran todo. Volvía a sentirse como el niño que tenía que pelear para lograr su parte de afecto y calmar su hambre emocional. Tomar conciencia de ello e intentar sanar estas heridas fue el inicio del camino para empezar a adelgazar.

Siendo ahora más conscientes de la importancia de conocer esos patrones de alimentación aprendidos en nuestra infancia, te propongo un sencillo ejercicio de visualización que nos permitirá recordar mejor cómo fue nuestra relación con la comida de pequeños. La visualización es una técnica psicológica basada en la relajación y la imaginación que nos permite viajar a una escena del pasado y revivirla, ir a un lugar relajante y tranquilo para calmar la ansiedad, visualizar una escena difícil y ser capaces de afrontarla… Consiste en adoptar una postura cómoda de relajación y seguir las pautas que nos vayan dando. En este caso, vamos a hacer una visualización guiada para volver a sentir y percibir cómo era la relación de mi familia con la comida, qué recuerdos tengo de comida en mi infancia.

Visualización

Paso 1.   Pon atención a tu postura. Apoya tu espalda en una silla con un ángulo de 90 grados y tus pies apoyados en el suelo. Respira y toma conciencia de tu cuerpo: la postura, los apoyos y, si detectas alguna tensión, afloja esa parte llevando la respiración profunda a esa zona.

Paso 2.   Cierra los ojos. Inspira y expira profundamente al menos 7 veces. Hazlo lentamente

Paso 3.   Imagina en tu frente una pantalla en blanco donde aparezcan imágenes de tu infancia en las que la comida estuviera presente: celebraciones, la mesa de la cocina, comidas familiares… Trata de vivirlo como si estuvieras allí. Permítete viajar a aquellas escenas. Entra con todos los sentidos: la vista (cómo era la cocina o el

---

comedor, colores, quiénes estaban presentes), oído (qué se escuchaba, si había silencio o jolgorio, si todos hablaban a la vez), olor (qué aromas recuerdas, cuando entrabas en casa a qué olía).

Paso 4. Recuerda cómo se comía en casa: rápido, lento, muchos platos y picar de todo, comidas ordenadas, se repetía, había comida de sobra en el centro, cada uno comía por su cuenta...

Paso 5. ¿Qué hacían los mayores? ¿Te insistían para comértelo todo, te ponían otro cucharón más? ¿Se respetaba tu ritmo y tu apetito o se imponía la cantidad? ¿Cómo cocinaban? ¿Se celebraba comiendo? ¿Para qué se usaba la comida en casa? ¿Qué te hacían sentir esas comidas? ¿Qué sentías al final? ¿A quién te pareces comiendo? ¿Había premios culinarios: postre favorito o comida favorita por tu cumple o por las notas? ¿Había castigos? ¿Te retiraban el postre por portarte mal?

Paso 6. Date cuenta de cómo afectaron a tu personalidad y a la forma en que comes hoy esas experiencias de la infancia.

Paso 7. Lentamente, aléjate de esas escenas. Inspira profundamente varias veces. Sin abrir los ojos mueve los dedos de tus manos y tus pies y cuando sientas que vas volviendo a tu momento presente, ábrelos y párate a ver qué has sentido durante el ejercicio, de qué te has dado cuenta.

Vamos a reflexionar con calma lo que ha podido pasar en este ejercicio de visualización. Si has logrado relajarte al inicio, habrás podido comprobar que las imágenes de la infancia venían a ti sin problema. Quizás hayas recordado comidas familiares en las que os juntabais mucha gente y aquello era un festival de comida, un despertar de los sentidos. Puede que, en cambio, hayas recordado escenas más íntimas haciendo un bizcocho con tu abuela o sintiendo el olor del guiso antes de entrar en casa.

Lo importante es que te des cuenta de los sentimientos y sensaciones que iban aparejados a esas situaciones. De mayores, y sin darnos cuenta, podemos comprar un bizcocho como el de la abuela o cocinar ese guiso favorito para volver a sentir esa sensación de placer, de estar en casa y sentirnos queridos. Intenta reflexionar cómo todas esas vivencias están influyendo en tu relación actual con la comida y cómo comes hoy.

Además de las sensaciones agradables has podido darte cuenta de que algunos comportamientos de los mayores no te hacían sentir bien. Por ejemplo, si te metían prisa para acabar, si te castigaban poniéndote el plato que no habías acabado en la siguiente comida, si se comía en exceso... Pensar en nuestra relación con la comida nos ayuda a reconocer actitudes negativas sobre la alimentación que estamos repitiendo en nuestra propia familia.

Este era el caso de Juan Carlos. Ahora vive en Madrid, pero es navarro y toda su familia vive allí. Cada vez que se juntan en el pueblo pasan comiendo 4 y 5 horas. En la mesa hay muchos platos y en cantidad. Su familia de origen ve con orgullo lo bien que come Juan Carlos desde que era apenas un niño. Nunca defrauda y todos disfrutan de verle comer. En su familia se presume de lo que les gusta comer. Cuando era pequeño descubrió que recibía el reconocimiento y la aprobación comiendo mucho y así continuó con ese patrón de alimentación hasta el día de hoy.

Los patrones de alimentación que Juan Carlos aprendió en su infancia no le estaban ayudando nada a perder peso. Si hemos incorporado desde pequeños unas actitudes negativas frente a la comida (comer en exceso, rápido, repetir, presumir de lo mucho que se come, etc.), ahora, de adultos debemos *desaprenderlas* y desarrollar otras más sanas.

En eso consistió el trabajo de Juan Carlos en la consulta: desidentificarse con su rol de *buen comedor* y aprender a decir «no quiero más», cuando ya había comido suficiente. Descubrió que la satisfacción de saber controlarse comiendo era mucho mayor que los halagos que recibía de su familia cuando iba a comer con ellos. Era mucho más gratificante sentirse en forma y a gusto con su cuerpo que cumplir con las expectativas de los demás.

Decíamos un poco más arriba que de una manera casi inconsciente, el niño asocia determinadas comidas (leche o sopa caliente) con la sensación de calorcito, cariño o seguridad. También relaciona los helados, dulces o chucherías con momentos de alegría y fiesta. No olvidemos que el azúcar se convierte en glucosa en sangre rápidamente elevando nuestra energía, activando nuestro cerebro y generando adrenalina. Por eso, cuando ese niño se convierte en adulto sigue utilizando la comida para calmar estados de ánimo alterados: tristeza, ansiedad, enfado…

Todos hemos visto múltiples películas en las que la protagonista se encierra en casa a llorar su desgracia con un tarro enorme de helado y una película romántica. Buscamos que la comida nos calme y reconforte frente a emociones que nos producen malestar. Esto mismo le pasaba a Eugenia cuando llegó a mi consulta.

Estaba estancada en su intento de perder peso. Desde hacía dos años su marido trabajaba fuera de España durante periodos de cinco meses. Tenían una hija de nueve años. Eugenia me relataba que, por las noches, de madrugada, se levantaba a calentarse un vaso de leche y se lo comía con un montón de bollos. Había cogido este hábito y era incapaz de pararlo. Cuando le pregunté qué sentía por las noches, me dijo: «Frío, me siento sola. Estoy tirando del carro todo el día para ir a trabajar, atender a mi hija, limpiar la casa, y por las noches me siento muy sola porque él no está».

Ella lo explicaba muy bien: «Me siento sola y me tomo un vasito de leche con bollos que me da calor y me aporta bienestar». Es decir, la comida reconforta mi soledad. Eugenia no le había expresado a su marido lo sola que se sentía. Una noche, en una de sus videollamadas, fue capaz de decirle cómo lo estaba llevando. Desde entonces, trataron de acoplar sus horarios para tener todas las noches un rato para hablar despacio, para sentirse cerca uno del otro y fruto de estos ajustes Eugenia dejó de tomar leche con bollos todas las noches.

 Te propongo un pequeño ejercicio de introspección. Si nos pusiéramos a pensar, seríamos capaces de asociar una comida a cada estado emocional o situación vital. Dedica un rato, junto a papel y boli, a contestar estas preguntas: ¿qué comes cuando vienes enfadado del trabajo? ¿Con qué fantaseas cuando te sientes triste? ¿Qué planeas comer o cenar después de un día muy duro?

Trata ahora de añadir una alternativa que no sea comestible para mejorar tu estado anímico. Por ejemplo: cuando vengo enfadado del trabajo, puedo irme a dar un paseo largo; si me siento triste, puedo ponerme una serie con la que me ría; después de un día duro, puedo darme un baño relajante al llegar a casa.

Cuando utilizamos la comida como sustituto y remedio a todos los males, estamos siendo comedores emocionales. Las personas que comen de una manera emocional acuden a la comida para acallar cualquier estado de ánimo displacentero. Así otorgamos a la comida un poder milagroso de curación para nuestros *males psicológicos*. El poder mágico desaparece a los pocos minutos cuando nos hacemos conscientes de lo mucho que hemos comido y la emoción desagradable vuelve a aparecer.

Abraham Maslow, famoso psicólogo estadounidense, fue uno de los fundadores de la psicología humanista. Entre sus muchas aportaciones, estudió las necesidades básicas de la persona y las colocó en una pirámide. Su teoría proponía que existe una jerarquía en las necesidades humanas y que conforme se satisfacen las necesidades más básicas (en la base de la pirámide), el ser humano desarrolla otras necesidades y deseos más elaborados.

Comer pertenece a una de las necesidades básicas del ser humano. Junto a ella encontramos también las necesidades de beber, dormir y respirar para sobrevivir. Y una de las cosas que se requiere para cubrir esas necesidades es la comida. Sin embargo, nosotros utilizamos la comida para algo más que para satisfacer nuestra necesidad fisiológica de hambre. Veamos los siguientes escalones: corresponden a necesidades psicológicas (sensación de seguridad, sentirnos útiles y valiosos) y sociales (pertenecer a una familia y grupo de amigos, tener éxito) y muchas veces intentamos dar respuesta a estas necesidades con comida.

Pero no podemos comer chocolate para calmar nuestra soledad, ni atiborrarnos de helado porque el novio nos haya dejado. Tendremos que buscar una respuesta emocional para satisfacer la necesidad emocional de sentirnos queridos o una solución psicosocial para resolver nuestra necesidad de tener amigos… Volvemos a constatar que utilizamos la comida como remedio a todos los males. Si fuéramos conscientes de que cada etapa de la pirámide requiere una respuesta que pertenezca a esa fase, dejaríamos de comer emocionalmente y tendríamos una relación más sana con la comida.

En el lado derecho del gráfico tenemos las distintas respuestas con que podemos satisfacer cada necesidad. Por ejemplo, para la necesidad de sentirnos aceptados debemos contar con un grupo de amigos y con la familia, para tener una autoestima buena necesitaremos sentirnos útiles o tener éxito en alguna esfera de nuestra vida. Cada necesidad precisa su alimento específico. Por eso a veces cuando pensamos: «quiero comer» en realidad lo que nos pasa es que necesitamos descanso, un abrazo o alguien que nos escuche.

¿Por qué necesitamos entonces la comida?

Llegados a este punto, os habréis planteado para qué utilizáis la comida más allá de tener energía para hacer nuestra vida diaria. Durante todos estos años de práctica clínica como psicóloga he atendido a muchos pacientes que me han mostrado cientos de motivos por los que comen:

- Como porque me calma y me hace sentir lleno, seguro: así me explicaba un paciente la sensación que le producía la comida. Sentía un vacío en la vida y comer le calmaba (momentáneamente) y le daba plenitud.
- Como por rabia, para castigar a mi mujer y enfadarla. Esta razón me la daba un hombre que llegaba a casa enfadado con su mujer por el estricto control que tenía sobre él. Lo hacía para enfadarla y tener una pequeña parcela de poder.
- Como cuando algo no me gusta. No sé decir «no» y me voy a la comida para tapar mi cabreo. Una secretaria de alta dirección me decía que su jefe la presionaba mucho y ella era incapaz de decir: «No, no voy a poder hacer todo esto». Así que salía del despacho de su jefe directa a la sala de café a comer todas las galletas y pastas que encontrara para tapar su rabia.
- Como por soledad, para mimarme. Esta mujer llegaba a casa después de una jornada agotadora de trabajo y se preparaba un banquete culinario para mimarse.
- Como porque la rutina y el día a día me aburren: este ejecutivo necesitaba novedad y reto continuamente y descubrió que la comida le entretenía y le sacaba de la monotonía.
- Como porque tengo rencor, me aíslo en casa y como: una mujer a la que acababa de dejar su pareja se sentía tan traicionada y con tanto rencor que se metía en casa los fines de semana y se dedicaba a tumbarse en el sofá y comer continuamente.

- Como para llenar mi vacío afectivo, mi hambre de caricias. Esta explicación me la daba un padre de familia que cuando llegaba a casa necesitando un abrazo o una caricia de su mujer y se la encontraba lidiando con los baños y cenas de los niños se iba a la nevera porque siempre había algo que le consolara.
- Recuerda: no colmes ni calmes con comida tu mundo emocional.

Las emociones y la comida

Desde el principio de los tiempos, el ser humano ha tenido emociones que le han ayudado a sobrevivir. Cuando necesitaba protegerse frente a un peligro, el miedo le ayudaba a ponerse en guardia. Si necesitaba defenderse y poner límites, sentía ira. El amor y la alegría le ponían en contacto con el otro y así ¡se perpetuaba la especie!

Con el paso de los siglos muchos de esos riesgos externos han desaparecido, pero a pesar de ello los sentimientos siguen viviendo en nuestro interior. Las emociones nos dan la oportunidad de recordar, vivir y vibrar con lo que nos rodea. Nos permite integrar y asimilar las experiencias vividas y nos ayudan a retirarnos cuando algo nos hace daño.

En definitiva, las emociones ayudan a manejar nuestro mundo interno y, si las bloqueamos, esa regulación natural se romperá dando lugar a enfermedades y comportamientos pocos saludables. Es el caso del comer emocional. Cuando no sabemos manejar nuestras emociones y nos desbordan, en lugar de darles una salida sana (llorar si es tristeza, mostrar enfado si es rabia) las bloqueamos comiendo desordenadamente.

Veamos ahora cómo es el esquema que seguimos cuando comemos emocionalmente. Analizaremos cinco emociones básicas: ansiedad, tristeza, aburrimiento, ira y alegría. Si nos fijamos en el gráfico, tenemos a la izquierda un suceso o pensamiento que se cruza en nuestra vida y nos provoca una emoción. Como consecuencia de no saber manejar bien esta emoción, caemos en la conducta de comer y, tras haber comido, sentimos culpa o disgusto y esto a su vez nos lleva a tener pensamientos negativos hacia nosotros mismos. Prácticamente siempre en los comedores emocionales se da esta cadena automática:

a) *La ansiedad y el comer*

La ansiedad es una emoción y un mecanismo de defensa natural que sirve para superar determinadas situaciones. Frente a un peligro, nuestro organismo se pone en situación de alerta y nos ayuda a huir del peligro. Cuando el hombre vivía en las cavernas y múltiples animales y acontecimientos naturales le acechaban, necesitaba la sensación de ansiedad para sobrevivir. Pero en la actualidad los riesgos y situaciones peligrosas han disminuido considerablemente y nuestro sentimiento de ansiedad tiene más que ver con lo que pensamos e imaginamos que con un peligro real.

Es decir, ya no tenemos peligros externos tan frecuentes como en siglos anteriores. Nuestro principal enemigo está dentro de nosotros, en nuestro pensamiento. Pongamos el ejemplo anterior de la mujer secretaria estresada por su jefe que en lugar de decirle «no puedo con tanta carga de trabajo», se iba a la sala del café a comer pastas. En primer lugar, esta mujer tiene un suceso que desencadena la ansiedad: su jefe le da un montón de trabajo para hacer en una mañana. Ante ese suceso, se desencadena en ella una respuesta de ansiedad.

¿Cómo nota la ansiedad? Cada persona puede percibir la ansiedad de una manera diferente o en una parte del cuerpo distinta. Es importante que podamos reconocer cómo se manifiesta la ansiedad en nuestro cuerpo, físicamente, ya que si lo identificamos pronto podremos pararla antes. Por ejemplo, a esta mujer podrían sucederle estas cosas: le sudan las manos, siente palpitaciones, le cuesta respirar, tiemblan sus manos…

El estímulo antecedente es el suceso o pensamiento que provoca una emoción. En este caso es la reunión con su jefe lo que le ha puesto nerviosa. Además, al salir de la reunión ha empezado a generar pensamientos estresantes: «yo no puedo con esto, imposible de conseguir, hoy me va a dar algo». ¿Qué pensamiento surge tras el suceso? Suelen ser pensamientos catastróficos (que preconizan un desastre) o anticipatorios, que me hacen sentir ansiedad.

Para identificar qué ha causado la ansiedad, debes preguntarte: ¿qué ha pasado antes? En ocasiones es un suceso externo muy claro, pero, a veces, es un pensamiento muy rápido que cruza nuestra mente y desencadena la sensación de ansiedad. ¿Qué haces cuando sientes ansiedad? Además de conocer dónde sientes la ansiedad y qué situaciones te provocan la misma, tienes que conocer qué conductas pones en marcha cuando la sientes. Por ejemplo: cuando me pongo nervioso me muevo mucho y mi cabeza empieza a ir muy rápido. En el caso de nuestro ejemplo, cuando ella siente ansiedad se va a la sala de café y acaba con las pastas que hay allí. Muchas personas se levantan a comer lo que pillan. Su manera de apaciguar la ansiedad es comiendo alimentos muy calóricos (como patatas, bollos, etc.).

¿Cómo frenar la ansiedad? ¿Qué puede cambiar de esta situación? Ahora es el momento de pensar en otras alternativas más saludables a las que suele poner en marcha. En lugar de ir directa a comer pastas, ¿qué podría hacer? Aquí van algunas sugerencias:

Respirar: pon atención a tu respiración. Es la herramienta más accesible y barata que tienes. Trata de buscar un lugar un poco tranquilo donde te puedas sentar y aislar del medio durante unos minutos. Comienza a respirar profundamente, como si suspiraras, para que el aire llegue lo más abajo posible de tu cuerpo. Nota cómo tu abdomen se infla como un globo cuando inspiras y se desinfla cuando expiras. Date 2-3 minutos para calmarte por medio de respiraciones profundas.

Empezar paso a paso, una acción tras otra. Cuando nos ponemos nerviosos queremos hacer todo a la vez. Intenta priorizar qué es lo más urgente y empieza por esa tarea. No intentes hacer varias a la vez. Cuando termines una, seguirás con la siguiente y así sucesivamente.

Cambiar de actividad: si la ansiedad persiste, levántate si estabas sentado, busca una actividad física manual. Sal a la calle, sube escaleras. En nuestro ejemplo, podríamos recomendar a esta secretaria que cambia de entorno. Que evite pasar por la sala de café y vaya al WC para tomarse unos minutos respirando, o que vaya a otra planta a buscar unos papeles. Cualquier cosa que le haga romper su rutina automática de ansiedad - comer pastas.

Como habréis pensado ya, esta situación no solo nos sucede a los adultos. También los niños sufren ansiedad y buscan salidas para quitársela de encima y también ellos recurren, a veces, a la comida para calmar esa ansiedad. Como padres, tenemos la oportunidad de ayudarles a gestionar mejor esta emoción.

Ayúdale a identificar la sensación: «parece que estás nervioso». A veces la ansiedad se percibe con mayor claridad desde fuera. Los niños no suelen ser conscientes de sus sensaciones y por eso es bueno ponerle palabra a lo que puedan estar sintiendo.

Pregúntale qué es lo que le ha provocado esa sensación para que conozca mejor sus fuentes de estrés. Preguntas como: ¿qué pasado hoy/ahora que te haya puesto nervioso? ¿Ha sucedido algo en el colegio que te haya agobiado? ¿Desde cuándo notas que estás nervioso? ¿Qué has pensado cuando esto ha sucedido?

Ayúdale a poner en marcha estrategias saludables para manejarla mejor. Por ejemplo: «cuando estés nervioso, en lugar de ir a la cocina a por galletas, puedes tumbarte un rato en la cama y respirar profundo imaginando que tienes un globo de tu color favorito en la tripa que se infla y se desinfla». O, «si estás nervioso haciendo este ejercicio de matemáticas, podemos bajar un rato a jugar al parque y luego lo retomamos».

b) La tristeza y el comer

El sentimiento de tristeza es natural cuando surge frente a una pérdida. Cuando algo que nos importaba desaparece, sentimos tristeza. El sentimiento de pena nos ayuda a recogernos y estar con nosotros mismos para poder asimilar lo que nos ha pasado. Por ejemplo, cuando perdemos a una persona querida atravesamos una época de duelo que no es otra cosa que dolerse y sentir tristeza por esa muerte. Pero hay otra tristeza imaginaria, aquellas situaciones en las que anticipamos una pérdida que a lo mejor nunca sucederá. Esto les pasa con frecuencia a los niños cuando fantasean con la muerte de sus padres o sus abuelos. Solo imaginarlo les hace sentir una profunda tristeza.

Para analizar la emoción con el esquema anterior, os presentaré un caso que atendí hace unos años. Alfredo tenía 56 años y arrastraba un duelo poco elaborado por la muerte de su madre desde hacía dos años. La relación con ella había sido muy estrecha y cuando murió sintió una profunda tristeza. En los dos últimos años Alfredo había engordado más de 10 kilos, porque cada vez que se sentía triste acudía a la nevera buscando consuelo.

¿Cómo notaba Alfredo que estaba triste? Se emocionaba con facilidad y cualquier cosa le hacía llorar, sentía un nudo en la garganta, estaba apático y desmotivado en el trabajo y en su ocio, sin ganas de hacer nada, decaído... ¿Qué suceso externo o pensamiento interno le ponía triste? Había veces que ver la foto de su madre hacía que se le saltaran las lágrimas; el día de su cumpleaños se sentía especialmente abatido; otras veces el estímulo era interno y un recuerdo le provocaba mucha pena.

¿Qué conducta seguía al sentir tristeza? La mayoría de las veces iba a la nevera o abría la despensa buscando algo dulce. ¿Por qué otra conducta podría sustituir el hábito de comer? Durante las sesiones que fuimos teniendo, Alfredo fue elaborando una lista con las cosas que le sacaban de la tristeza y a las que podía recurrir cuando estuviera triste. Aquí van algunos ejemplos:

Llamar a un amigo que sea optimista. Hay personas que nos transmiten optimismo y ganas de vivir. Está demostrado que rodearse de personas alegres y optimistas fomenta actitudes positivas en los del alrededor.

Llorar y aflojar la tensión. Hay muchos hombres que no se permiten llorar porque desde pequeños se lo han reprimido mucho. Pero los hombres también lloran y les ayuda mucho (igual que a las mujeres) ya que el acto de llorar descarga tensión acumulada en pecho, garganta y mandíbula.

Escuchar una música que le suba el ánimo. Son de sobra conocidos los efectos de la musicoterapia. Cada tipo de música nos conecta emocionalmente con un estado. Por ello, si ponemos música alegre nuestro estado de ánimo irá tornándose alegre también.

Hacer ejercicio, en su caso salir a caminar. A los 20 minutos de estar haciendo ejercicio físico moderado, nuestro cuerpo empieza a segregar endorfinas, las hormonas del bienestar. La manera que tiene nuestro cuerpo de agradecernos que le tratemos bien y lo desentumezcamos es regalarnos la sensación de placer y bienestar por medio de las endorfinas.

Los niños necesitan también conocer la tristeza y saber dónde la sienten en su cuerpo y qué situaciones se las provoca. Como padres, tratar con naturalidad la emoción de la tristeza les ayudará a identificarla mejor y a crear sus propias estrategias para salir de ella. Deben percibir que sentir tristeza es bueno, y que no siempre se puede estar contento. Cuando nos demos cuenta de que nuestros hijos están tristes, intentemos hablar con ellos para indagar qué les ha puesto tristes. Llegará un momento en que ellos solos sean capaces de detectarlo.

El impulso de los adultos cuando vemos a un niño triste es sacarle de ahí cuanto antes, pero recuerda que no es una opción saludable dar un trozo de chocolate al niño cuando sienta pena. Si lo hacemos, estaremos reforzando la asociación emoción-comida y fomentando comedores emocionales. Hay otras opciones mejores: darle un abrazo y dejarle que llore, hacer un dibujo que exprese su tristeza, escribir una carta a la persona que echan de menos, poner una canción divertida y bailar juntos, hacer una guerra de cosquillas…

c) El aburrimiento y el comer

Cuando mi hijo pequeño se aburría, lo encontraba con frecuencia en la cocina cogiendo galletas y me decía que tenía hambre. Yo sabía que no podía ser hambre, ya que acababa de merendar, así que le ayudábamos a darse cuenta de que su tripa estaba llena con el bocadillo que acababa de comer y eso no podía ser hambre. Entonces le preguntábamos, ¿qué te pasa de verdad? Y él llegaba a darse cuenta que sentía aburrimiento. Cuando localizaba la emoción era mucho más fácil buscar un juego o una alternativa que le divirtiera para salir del aburrimiento.

Esto no solo le pasa a mi hijo, ni siquiera solo a los niños. Los mayores también, ante la falta de estímulos y motivación, nos aburrimos. Cuando estamos realizando una tarea muy monótona y repetitiva perdemos la motivación y surge el aburrimiento. Cuando tenemos que hacer algo que no nos gusta nos aburrimos y la tarea se vuelve tediosa. Si tenemos tiempo libre y ningún plan o actividad planificada, nos aburrimos si no se nos ocurre algo que hacer.

El sentimiento de aburrimiento no es fácil de detectar. Suele ser una sensación difusa que se puede confundir con tristeza o apatía. A veces nos notamos irascibles o nerviosos y lo que hay por debajo es aburrimiento. Entonces, ¿cómo detectamos el aburrimiento? Nos quedamos obnubilados mirando al techo, pasamos más tiempo del habitual en el sofá, deambulamos por la casa sin un objetivo o vamos a la nevera buscando algo que nos entretenga.

¿Qué ha pasado antes de aburrirte? Seguramente la ausencia de estímulos y que nada interesante suceda lo haya podido provocar. Si nos conocemos bien y sabemos qué situaciones nos aburren podremos anticiparnos al aburrimiento y combinar un rato de actividad desmotivadora con otra más atrayente, así evitaremos caer en conductas de comedor emocional.

Sería bueno que observáramos qué pensamientos generamos cuando estamos aburridos. Por regla general, el aburrimiento nos mete en una espiral de queja y apatía. Es muy frecuente escuchar a niños aburridos quejarse a sus padres de que no tienen nada que hacer, que no saben a qué jugar, buscando que los mayores les saquemos de esa apatía. Para no caer en la salida fácil de comer, vamos a buscar conductas alternativas al aburrimiento:

- Salir a la calle, romper la rutina y la dinámica de apatía en la que nos metemos cuando estamos en casa sin nada que hacer. El sencillo hecho de dar un paseo nos saca de la apatía y nos permite conectar con otras personas. Cuando cambiamos de entorno, nuestros sentidos se ponen en marcha al recibir nuestros estímulos y despertamos del letargo.
- Buscar alicientes, pensar qué cosas nos podría gustar hacer: tema de investigación, inquietudes intelectuales, manualidades, deportes, actividades culturales. Hay personas que no saben qué les gusta hacer. Mucha gente llega a la jubilación sin tener un proyecto de lo que harán al dejar de trabajar. Si investigamos qué cosas nos podrían gustar, podremos ponerlas en práctica cuando tengamos tiempo libre.
- Buscar contactos, amigos o gente con gustos afines a los nuestros. Cuando compartimos tiempo con gente que comparte afinidades con nosotros, el tiempo pasa volando y el aburrimiento desaparece.
- Ponernos en marcha, ser proactivos: el enemigo del aburrimiento es la iniciativa y la actividad. No importa si al principio no nos apetece mucho; lo importante es empezar y romper la inercia de no hacer nada.

El mundo está lleno de oportunidades esperando a que las cojas.

d) *La ira y el comer*

La ira es una emoción natural que surge cuando nos frustramos, cuando algo no sale como esperábamos. A pesar de su mala prensa, la rabia nos activa y nos llena de energía; nos pone en marcha y nos da el empuje para decir o hacer cosas que de otra forma no nos atreveríamos a hacer. Cuando nos enfadamos nos sentimos con más valor para decir lo que pensamos, tenemos menos filtros y más arrojo.

Sin embargo, en nuestra sociedad, la rabia está muy censurada. Desde pequeños nos enseñan que no hay que tener rabietas y terminamos tragándola. Pero la rabia acumulada nos puede meter en problemas; podemos explotar en el momento más inoportuno o a la larga enfermarnos por dejarla dentro. Hay personas que tienen problemas digestivos porque se tragan el enfado y no lo expresan, o tienen problemas en la mandíbula y dentadura por apretarla fuerte para contener la rabia y que no salga. En realidad, cuando nos cuesta reconocer que sentimos rabia y conectar con ella, esta termina actuando por su cuenta.

¿Qué hacemos con la rabia? A veces la ocultamos, otras la escupimos y explotamos. Sale sin control y entonces gritamos y nos metemos en discusiones acaloradas o actuamos con agresividad (dando un golpe en la mesa, tirando algo al suelo...). En otras ocasiones, engullimos comida para aplastar la rabia. La dinámica de utilizar la comida para aplacar la rabia es muy característica. Las personas que están rabiosas comen una cantidad excesiva, engullendo, casi sin masticar y a golpe de impulso. Comen muy rápido, a veces, hasta parece que no pueden respirar.

La rabia tiene una conexión especial con la comida. No tenemos más que poner atención a cómo hablamos de ella: «me trago la rabia», «la vomito», «le escupí todo lo que pensaba». Todos ellos son términos muy orales, relacionados con la boca y el aparato digestivo. Así pues, debemos estar especialmente atentos a la relación que tenemos con la comida y la rabia. Deberíamos evitar sentarnos a la mesa cuando estamos enfadados, ya que eso seguramente nos llevará a comer más de la cuenta y mucho más rápido. Además, esa emoción puede afectar al clima familiar y crispar al resto de comensales.

Como en los apartados anteriores, vamos a detectar qué nos hace sentir enfado. ¿Qué situación o persona nos dispara la rabia? Sé consciente de cuándo empieza a aparecer la rabia. Puede ser una discusión, un comentario hiriente, un recuerdo o pensamiento, la actitud de una persona... Otras veces, nos enfurece no lograr lo que queríamos o presenciar una situación injusta.

¿Cómo notamos que estamos enfadados? Muchas veces la rabia empieza en el pecho sintiendo una llamarada de calor que busca la salida por la boca. Otras veces, nos descubrimos con la mandíbula cerrada y tensa, los puños apretados, mirada encendida o furiosa, ganas de gritar o pelearte con alguien. Cuando nos enfadamos nuestro cuerpo se tensa, los músculos de brazos, manos y tronco se contraen por si necesitaran pasar a la acción... También hay personas que en su dificultad por expresar el enfado lo convierten en lágrimas y logran descargar tensión por ahí.

Pensemos ahora en conductas alternativas que den una salida diferente a esa rabia que no sea la de comer compulsivamente o engullendo lo que encontremos.

- Respira hondo y si la rabia continúa, busca la forma de canalizarla. Hay diferentes maneras de descargar físicamente: golpea o da puñetazos a cojines, pega un grito que te desahogue, retuerce una toalla, date una carrera intensa, haz un deporte de descarga. Respira fuerte y rápidamente.

- Toma distancia física con la situación que te enfada, sal de la habitación o aléjate de la persona que te ha enfadado. Quédate solo para evitar agredir a los otros. La rabia es colérica, caliente y hay que enfriarla un poco. Recuerdo a un paciente que necesitaba salir de alguna reunión para no explotar o dar un golpe en la mesa. Tomaba distancia y a los 5-10 minutos volvía y conseguía expresar su opinión sin elevar la voz.

Si pudiéramos dibujar la rabia tendría forma de curva: pasa de 0 a 100 muy rápido. Si estás en lo más alto de la curva, permítete la descarga, toma distancia con la situación que te la provocó y cuando notes que baja la intensidad vuelve a pensar en la situación. Entonces podrás afrontar ese problema y hablar con la persona que te hirió de manera más serena.

Permite a tus hijos que sientan rabia y la puedan expresar. Es importante que ellos conozcan su forma de sentir la rabia, así cuando empiece a desencadenarse el enfado podrán frenarlo antes. Evita que se pongan a comer cuando estén furiosos. Enséñales que para comer hay que tener hambre y estar calmado. Al igual que los mayores, los niños pueden ir a la despensa buscando calmar el enfado que sienten internamente y hemos de darle otras herramientas para gestionar la rabia sin pasar por la comida.

Pon palabras a lo que están sintiendo. Los niños actúan cuando tienen emociones intensas, pero no saben explicar qué les ha pasado. Por eso necesitan que nosotros les expliquemos su reacción. Por ejemplo, si llega a casa muy enfadado del cole porque este año no habrá equipo de fútbol, podemos decirle: «estás muy enfadado porque esto era algo que deseabas mucho y no ha salido».

Ayúdales a que la descarguen sin hacerse daño. Si montan una pataleta o empiezan a golpear algo, podemos invitarles a que se vayan a un lugar más tranquilo y descarguen la rabia con la almohada o dando patadas en el colchón. «Como estás muy enfadado, lo mejor será que vayas a tu cuarto a desahogarte y vuelvas cuando estés más tranquilo para que podamos seguir hablando de esto».

El siguiente gráfico resume esta dinámica de comer a golpe de emoción. En primer lugar, aparece un estímulo que provoca o evoca una emoción intensa: ansiedad, tristeza o rabia. Esta emoción nos descoloca y buscamos una manera de aliviarla. Podemos ir directamente a comer para olvidarnos *temporalmente* de ella o poner en marcha otras conductas más saludables y eficaces para gestionar dicha emoción.

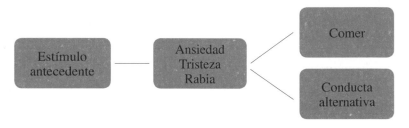

e) La alegría y el comer

La alegría es la emoción que siente una persona cuando experimenta una disminución del malestar, alcanza alguna meta u objetivo deseado, o cuando tenemos una experiencia estética o contemplativa. A veces la alegría surge cuando desaparece el dolor o alguna molestia que estuviéramos sintiendo y otras veces cuando vivimos una situación placentera.

La alegría nos pone en relación con los otros, nos hace compartir con ellos, confiarnos, celebrar. Y vivimos en una sociedad que nos empuja a celebrar comiendo. Cuando tenemos un acontecimiento alegre en nuestra vida, la comida siempre está en medio. Pareciera que si no comemos la alegría o la celebración fuera menor... Comer es un placer y así lo registra nuestro cerebro. Nuestros sentidos perciben bienestar: un olor agradable, un sabor intenso, un plato decorado de manera artística.

Vamos a pararnos a pensar cómo sentimos la alegría. ¿Cómo la identificamos en nosotros? Seguramente, nuestra cara se relaje y aparezca una sonrisa, podemos sentir calor o expansión en el pecho. Y nuestros pensamientos también cambiarán: estaremos más optimistas, con ganas de comunicar lo que estamos viviendo a otras personas y compartir nuestra alegría, seguramente nuestra percepción de la realidad será más positiva...

En cuanto a las situaciones o estímulos que nos pueden hacer sentir alegría además del acto de comer, encontramos: conseguir reconocimiento de alguien importante para nosotros, alcanzar un logro u objetivo que deseábamos mucho, recibir una buena noticia o la llegada de una persona querida, la música, el descanso, compartir tiempo con amigos o familia, la contemplación de la naturaleza o del arte...

Entonces ¿qué tiene de malo sentir alegría cuando comemos? Nada. Comer activa centros cerebrales del placer. El problema aparece cuando nuestra única fuente de placer y alegría es la comida. O como me decía un paciente: *«necesito comer cuando estoy alegre para acentuar más el sentimiento»*. Esta persona siempre buscaba la intensidad máxima en su vida y una buena noticia le sabía a poco sin salir a celebrarlo con una buena comida.

Deberíamos disfrutar más de la alegría por sí misma, sin añadidos, y que esta fuera suficiente. Disfrutar de la alegría de estar vivos, alegrarnos con las pequeñas cosas cotidianas, saborear el placer que nos aportan pequeños detalles. Por eso, no hace falta atracarse a comida o atiborrarse para disfrutar de la celebración. Tenemos por delante el reto de celebrar con otros y festejar en familia sin perder el control de la comida. Comer con conciencia y poder disfrutar de las buenas noticias sin empacharnos.

Esto les sucede a muchos niños, que en los momentos de celebración y fiesta comen sin control. Suelen tener al alcance y sin medida chucherías, dulces y bebidas azucaradas. Deberíamos hablar con ellos para explicarles que a pesar de que haya mucha cantidad no tenemos por qué comerlo todo. Que escuchen a su estómago y vean cuando es suficiente. Que estén atentos a la señal de saciedad de su cuerpo. También será bueno recordarles situaciones anteriores parecidas en las que luego se han sentido mal, les dolía la tripa o han vomitado.

Estas fiestas infantiles o familiares son un excelente momento para educarles en comer sano. Los niños van adquiriendo autocontrol a través del control flexible de los padres. Y eso supone que cuando los niños sean pequeños (hasta los 8-9 años) tendremos que estar atentos a cuánto comen en estas celebraciones y ayudarles a parar y conforme crezcan dejarles más autonomía para que comprueben qué pasa cuando uno come más de la cuenta. O, lo que es lo mismo, fomentar su autocontrol en esa situación.

 Te propongo ahora un ejercicio para hacer junto a tu hijo. Busca papel y lápiz para los dos. Trata de elaborar un listado personal de situaciones, personas o pensamientos que te conectan con la alegría.

Ayuda a tu hijo a identificar qué cosas le ponen contento. Serán una alternativa para no acabar siempre comiendo cada vez que quieras sentirte contento.

Educar emocionalmente

Las emociones son el mapa que guía nuestras vidas, pero no estamos muy acostumbrados a captar y saber leer sus señales. Sin control, las emociones se convierten en caballos desbocados que mandan sobre nuestras vidas sin casi darnos cuenta. Cuando estamos desconectados de nuestras emociones tenemos reacciones incomprensibles (lo veíamos en el caso de la rabia que explota inoportunamente), sentimos un desasosiego «sordo» que ronda por nuestro cuerpo o comemos a cualquier hora y sin control.

Si tuviéramos en nuestras manos la brújula de las emociones sabríamos qué dirección están tomando y como reorientarlas. En apartados anteriores hemos profundizado en el concepto de comer emocional. Al no escuchar nuestras emociones ni saberlas gestionar, estas buscan una salida para aliviar el malestar y nos llevan a la nevera, a la tienda de la esquina a comprar comida basura o a pedir comida a domicilio. Por eso es fundamental que aprendamos a manejarlas, que las conozcamos y sepamos gestionarlas para que seamos nosotros sus dueños y no al revés.

Recuerdo el caso de una mujer que cada vez que se quedaba sola en casa porque su marido se llevaba a los niños a cualquier actividad extraescolar sentía el impulso irrefrenable de encargar comida a domicilio. En su vida había bastante caos y mucho ruido ambiental y cuando se quedaba sola el malestar se apoderaba de ella. No sabía gestionar la soledad y las obsesiones y la ansiedad se adueñaban de ella.

Para huir de ese malestar, pedía comida china o pizza. Siempre eran platos muy calóricos, con mucha sal y fuerte sabor y durante cinco minutos se alejaba de esa ansiedad. Durante el proceso de terapia tuvimos que ir desentrañando en qué consistía ese malestar, cuáles eran los fantasmas que la acechaban, qué angustias había en su vida y poco a poco fue aprendiendo a gestionarlo. Descubrió que la sencilla pregunta «¿Qué siento en este momento?» podía ser una clave para conectarse con sus sentimientos.

Podemos iniciarnos en la comprensión de las emociones preguntándonos a menudo: ¿qué me está pasando ahora?, ¿qué siento? Y así, podremos darnos cuenta de que esa música nos puso tristes, que la frase del jefe me hizo sentir inseguro y por eso me puse a la defensiva, que una mirada cómplice de mi pareja me hace sentir querida y me llena de energía, que cuando llegué a casa y estaba sola busqué la leche con galletas para sentirme protegida y calentita, que después de una discusión en una reunión fui a la máquina de bollos a buscar la recompensa, etc...

Considero imprescindible que con nuestros hijos vayamos también entrando en la exploración de su mundo emocional. Les podemos explicar que cuando están más cansados se enfadan con facilidad, que si se sienten tristes necesitan más mimos o que se han sentado a la mesa muy activados y por eso están comiendo tan rápido. Es decir, les ponemos palabras y emoción a la conducta que están desarrollando y esto les ayudará a entender sus propias emociones en el futuro.

Si ponemos energía en educarles emocionalmente, les estaremos dando una herramienta potentísima de autoconocimiento para poder relacionarse de una manera sana con la comida. También se podrán mover por el mundo con comprensión y empatía. Si uno mismo es consciente de sus sentimientos y los acepta es más comprensivo consigo mismo y hará lo mismo con los sentimientos de los demás, lo que les hará personas comprensivas y empáticas.

Desgraciadamente nuestro catálogo de emociones es muy reducido. Muchas veces nos limitamos a «bien, mal o normal». Pero en realidad ¡hay más de 100 expresiones emocionales!

Te muestro algunas:

Aburrido	Cariñoso	Espantado	Satisfecho
Agradecido	Contento	Encolerizado	Seguro
Alegre	Desmoralizado	Feliz	Solo
Alterado	Desanimado	Frustrado	Temeroso
Antipático	Desesperado	Furioso	Tenso
Asqueado	Disgustado	Irritado	Tierno
Asustado	Divertido	Inseguro	Tímido
Aterrorizado	Encantado	Molesto	Tranquilo
Avergonzado	Enamorado	Nervioso	Triste
Confuso	Entusiasmado	Preocupado	Vulnerable

 ¿Alguna vez te has parado a pensar cuántas emociones puedes sentir? Trata de escribir otros estados emocionales que sientas. Seguro que puedes añadir a este listado muchas más.

 Te propongo otro ejercicio para poner a prueba la riqueza de vuestro vocabulario emocional cuando tenemos cerca la comida. Muestra a tus hijos esta imagen y pídeles que escriban debajo de cada carita el nombre de la emoción que sienten frente a la comida o la situación que representa cada carita frente a un plato de comida. Yo he añadido algunos ejemplos, ahora se trata de que vosotros completéis el resto.

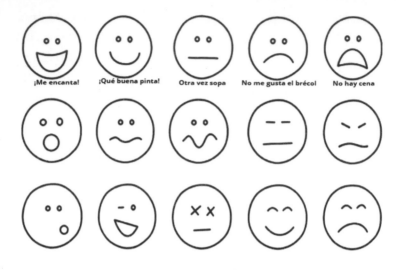

¡Me encanta!   ¡Qué buena pinta!   Otra vez sopa   No me gusta el brécol   No hay cena

En resumen, solo controlando y conociendo nuestras emociones, podemos tener una mejor relación con la comida. Pero como tenemos poca práctica en contactar con nuestros sentimientos, estos buscan su salida y su alivio a través de la comida. Si fuéramos capaces de preguntarnos con frecuencia: ¿qué me pasa?, ¿qué siento? podríamos buscar soluciones alternativas a la de comer, para calmar esa ansiedad, descargar el enfado o aliviar el sufrimiento.

En este camino de ir desentrañando las emociones y aprender a manejarlas, nos encontramos muchas veces con las sensaciones físicas. Y con frecuencia confundimos emociones con sensaciones. Además, muchas emociones las percibimos como sensaciones en el estómago: mariposas en el estómago, nudo en el estómago… Por eso es importante que distingamos si lo que nos pasa es una emoción o una sensación física. Esta confusión se ve claramente cuando tenemos hambre.

Muchas personas que acuden a mi consulta para controlar sus impulsos al comer dicen: «Es que tengo mucho apetito, siempre tengo hambre» y yo les pregunto: «¿Tienes hambre o ganas de comer?». Y contestan: «¿No es lo mismo?». Pues no, el hambre es una *sensación física* que aparece en nuestro estómago cuando llevamos varias horas (aproximadamente tres) sin comer y que desaparece en el momento que nos sentimos satisfechos o llenos. En cambio, las ganas o el deseo de comer surgen en cualquier momento del día, persisten a pesar de que estemos llenos y la percibimos como un *pensamiento*. Es decir, la genera nuestro cerebro y no nuestro estómago.

HAMBRE FÍSICA	GANAS DE COMER
Sensación física en el estómago	Pensamiento generado en el cerebro
Aparece gradualmente	Aparece de repente
Aparece a las 2-3 horas de comer	Aparece en cualquier momento
Cualquier comida satisface	Solo se desean comer cosas concretas
Desaparece cuando estamos llenos	Persiste a pesar de estar llenos
Cuando la saciamos, nos sentimos satisfechos	Al terminar, nos sentimos culpables y avergonzados

En resumen, las ganas de comer tienen que ver con el mundo emocional y el hambre con el mundo fisiológico. Gran parte de las veces que pensamos en la comida no es porque tengamos hambre, sino porque nos da placer, nos saca del aburrimiento, nos calma la ansiedad, nos evade de los problemas, etc. Por eso necesitamos colocar la comida y el comer en el lugar adecuado y sacarlo del papel protagonista que le hemos dado. Recuerda que comer no nos soluciona los problemas emocionales; en realidad los agrava.

Comer con conciencia (*mindfuleating*)

Lee con atención estas situaciones y valora si te sientes identificado o no:

	SI	NO
Llegas a la mesa y devoras lo que tienes frente a ti		
Terminas siempre el primero		
Hablas al tiempo que comes y tu plato se vacía sin darte cuenta		
No recuerdas el sabor o la textura de la última comida que hiciste		
Comes distraído con la tele, el móvil, el ordenador		

Si has contestado a más de una afirmativamente, probablemente seas un comedor inconsciente. El término inconsciente alude a aquellas personas que comen sin conciencia, sin darse cuenta. Comen distraídos con mil estímulos externos que les alejan de sus sensaciones internas al ingerir comida. La ansiedad o la compulsión les llevan a comer apenas sin masticar y sin tiempo para percatarse del sabor, la temperatura, la apariencia, el olor, la textura... Esta conducta ha sido vinculada a comer en exceso, estrés y altos niveles de ansiedad.

En el lado opuesto nos encontramos con las personas que comen con atención plena. Están muy atentos y presentes en el acto de comer y esto les ayuda a reconectarse con la experiencia sensorial de comer: los sabores, texturas, matices, temperatura, apariencia, olor... Son personas que comen despacio y mastican bastante lo que les permite además darse cuenta de cuándo es suficiente y esto desemboca en un mejor autocontrol.

La idea de que comer en exceso no es sano viene de siglos atrás. Distintos autores del siglo XIX y principios del XX aconsejaban comer solo cuando se tuviera hambre y dejar de hacerlo cuando el hambre empezara a disminuir. Fue en 1995 cuando Evelyn Tribole y Elyse Resch acuñaron la expresión *Intuitive Eating* como título de su libro. El movimiento del «Comer intuitivamente» busca crear una relación sana entre la comida, la mente y nuestro cuerpo. Consiste en poner atención a las señales naturales que genera nuestro cuerpo de hambre y de estar llenos cuando hemos comido suficiente.

Así pues, solo podremos tener una relación sana con la comida y con nuestro cuerpo si estamos atentos a las señales que este nos envía (hambre, saciedad) y las respetamos. Respetar nuestra sensación de hambre significa comer con frecuencia cada día (al menos cuatro veces) y no someter a nuestro organismo a jornadas de trabajo maratonianas sin darle gasolina para que el motor siga funcionando. Pero de la misma forma, hemos de respetar la señal que envía nuestro cuerpo cuando estamos saciados o llenos.

El mejor ejemplo lo encontramos en los animales. Ellos se autorregulan; cuando han comido suficiente se apartan y pierden el interés por la comida. De hecho, pocos animales salvajes presentan obesidad. Otra cosa muy distinta es cuando tenemos a un animal doméstico en casa. Muchas veces humanizamos a nuestras mascotas y les educamos en los mismos hábitos de alimentación que tenemos en casa y nuestro animal doméstico termina siendo un reflejo de nosotros mismos.

Se vuelven perezosos y hacen poco ejercicio, se colocan junto a la mesa y comen todo lo que les damos, nos piden comida con verdaderos chantajes emocionales (poniendo cara de pena, bailando a dos patas), se vuelven caprichosos y golosos… Por eso muchas mascotas tienen sobrepeso;

han perdido el contacto con sus sensaciones de hambre y saciedad, comen a todas horas y se mueven poco.

Los niños hasta los 3 años están naturalmente en estrecho contacto con sus sensaciones corporales y cuando sienten que es suficiente, dejan de comer. El problema aparece cuando comenzamos a educar al niño en la mesa. Forzamos los procesos y hacemos que coman todo lo que tienen en el plato antes de poder levantarse de la mesa. Así, el niño aprende que hay que comer aunque uno no tenga ya más hambre física, y se acostumbrará a ignorar la señal de saciedad que sienta en su estómago cuando este ya esté lleno.

Sería muy recomendable respetar los ritmos y el apetito de cada niño para que no pierdan el contacto con su cuerpo y sigan escuchando las señales que este les envía cuando sienten hambre o ya no quieren comer más porque están saciados. No todos los niños tienen el mismo apetito. Algunos comen menos cantidad, otros necesitan comer más a menudo y en menor cantidad, otros niños tienen más hambre física y necesitan comer más alimento que otros. Si respetamos su ritmo y apetito, serán adultos que sepan comer solo cuando tengan hambre y parar cuando sea suficiente.

El término «comer con conciencia» o *mindfuleating* nace en EEUU a la sombra del movimiento *mindfulness*. La «atención plena» hunde sus raíces en el budismo y se convirtió en una disciplina científica a finales de los años 70 gracias al Dr. Jon Kabat-Zinn. Es una técnica de meditación basada en la concentración y la atención en el momento presente. De ahí arrancó la idea de comer con conciencia, atentos al momento presente, con la atención puesta en el plato de comida que tenemos delante.

A lo largo del libro hemos ido concluyendo que comemos por muchas más razones que por hambre. *Mindfuleating* nos ayuda a volver a comer de una manera sana, sin prisa, sin distracciones, sin dejarnos llevar por las emociones. Se trata de volver a contactar con nuestras sensaciones de hambre y saciedad y de poner los cinco sentidos en el acto de comer para que vuelva a ser un momento de disfrute y placer. Veamos cómo hacerlo con estas pautas:

- Trata de mantener unos hábitos y horarios en las comidas: un sitio tranquilo, sin televisión u ordenador, y luminoso, para que te ayude a comer poniendo atención a tu plato. Cuando nos sentamos a comer estamos dándole a ese momento la importancia y la ceremonia que se merece. Cuidar el sitio en el que comemos nos predispone a estar centrados en el momento presente y poner toda nuestra atención en ese acto. Recuerda que hacer cinco comidas al día te libera de la sensación de hambre voraz y te permite controlar la cantidad que tomas en cada una de ellas.

- Utiliza los sentidos al comer: observa el aspecto de la comida (sus colores, brillo), huele, paladea los sabores, siente su textura y su temperatura. Imagina que eres un «gourmet» que disfruta y saborea cada bocado. Comer es un momento de disfrute y de placer y para percibir ese bienestar tenemos que tener los sentidos abiertos, receptivos. Si nos ponemos la televisión, nuestros sentidos se van hacia ella y abandonan la experiencia de saborear la comida.

- Mastica: no tengas prisa. Corta trozos pequeños y cómelos de uno en uno. Si es posible mastica 20 veces cada bocado; así tendrás una mejor digestión al triturar el alimento más y le darás tiempo al cerebro para que te envíe la sensación de saciedad en 20 minutos. Cuando comemos rápido, sin apenas masticar, terminamos mucho antes que los demás y eso nos lleva a querer repetir ya que la sensación de saciedad todavía no ha llegado al cerebro.

- Deja tus cubiertos en el plato entre un bocado y otro. Cuando dejamos el cubierto en alto nos sentimos apremiados a comer otro bocado, en cambio, cuando lo dejamos en el plato nos damos la posibilidad de masticar más veces y saborear.
- Antes de comer pregúntate: «¿Tengo hambre?». No comas porque toca, sino porque tienes hambre. Respeta las señales de tu cuerpo. Si la respuesta es sí, prueba a beber antes un vaso de agua y observa. A veces no diferenciamos entre el hambre y la sed.

 Recuerda: cuando comas, solo come.

Junto a los beneficios de calma interior y placer que aporta comer poniendo la conciencia, encontramos otros fisiológicos. Comer conscientemente pone en marcha la asimilación de nutrientes, la digestión y la quema calórica. A esto se le llama la *fase cefálica de la digestión*. Es la fase que ocurre antes de que la comida entre en el estómago e involucra a los sentidos de la vista, olfato y gusto. Incluso el pensamiento entra en juego y estimula diversas áreas cerebrales que envían a nuestro estómago por medio del nervio vago la orden de comenzar el proceso de la digestión.

Cuando nos paramos frente al escaparate de una pastelería o soñamos con nuestro plato favorito empezamos a salivar. La nariz y la lengua se estimulan al oler o probar la comida y de manera automática comienza la secreción de saliva, los ácidos gástricos y enzimas encargadas del inicio de la digestión. Por eso, si nos tomamos nuestro tiempo al comenzar a comer estaremos adelantando el proceso y esto favorecerá una digestión más sana, tranquila y eficaz ya que aprovechará todos los nutrientes antes de desechar los residuos.

Además, al comer despacio masticamos mejor la comida ayudando a nuestro estómago en su proceso de trituración y damos tiempo al cerebro para que mande la sensación de saciedad. Si ponemos más conciencia, comeremos menos. Cuando comemos muy rápido o sin atención, nuestro cerebro no recibe las señales de saciedad del estómago y nos anima, a través de los sentidos (*qué rico sabe esto*) y del pensamiento (*yo creo que voy a repetir*), a seguir comiendo.

Al comer con atención plena recuperamos una relación sana con la comida, hacemos las paces con ella y dejamos de hacerla responsable de nuestras alegrías o tristezas. La comida vuelve a ocupar su lugar natural: fuente de energía y disfrute. Ya no la estaremos utilizando para tapar la rabia o mitigar la tristeza. Será un momento de autocuidado, de nutrirnos por dentro para sentirnos activos y llenos de energía el resto del día.

Como decíamos en el capítulo 4, los niños aprenden por imitación. Si ven a los padres comiendo despacio, masticando repetidas veces, dejando los cubiertos entre un bocado y otro y charlando animadamente durante la comida, adquirirán este hábito sano de comer consciente sin apenas darse cuenta. Enséñales a cortar trozos pequeños de comida y a meter solo uno en cada bocado. Recuérdales que para que los nutrientes de la comida sean absorbidos han de estar bien triturados, es decir, bien masticados.

Los niños cuando son muy pequeños no paran de moverse y levantarse. Pero poco a poco van siendo capaces de permanecer sentados a la mesa más tiempo. Felicítales cuando coman despacio y permanezcan sentados hasta el final. El refuerzo positivo es la mejor manera de que vuelvan a repetir la conducta que deseamos. Si están muy distraídos, podemos preguntarles a lo largo de la comida si les está gustando, qué sabores identifican, cómo es su temperatura... Así les volvemos a centrar en la experiencia de comer atentos y poner todos los sentidos al servicio de la comida.

 Te propongo un ejercicio para que lo practiques cuando estés comiendo con un grupo de amigos o con la familia. Justo antes de empezar, hazte el propósito interno de ser el último en terminar de comer. Tenlo presente a lo largo de toda la comida y si ves que te estás acelerando, deja los cubiertos en el plato y haz una pausa para charlar con el resto de comensales. Fíjate en el ritmo de alguna persona que coma despacio y trata de imitarla. Date cuenta de lo que te aporta comer despacio: si saboreas más la comida, si descubres nuevos matices, si tu estómago se llena antes y por eso comes menos...

Nutrientes emocionales: vuelve a sentir placer más allá de la comida

Volvamos a las preguntas con las que iniciábamos el capítulo: ¿qué te alimenta en la vida? ¿Qué te nutre por dentro? Con mucha frecuencia recurrimos a la comida para suplir la falta de ilusión y placer de otras áreas de nuestra vida. Si nuestra vida estuviera bien nutrida emocionalmente, viviríamos la comida como fuente de energía y sería un motivo de placer entre muchos otros.

Para que nuestra vida tenga nutrientes emocionales, hemos de fomentar los momentos de bienestar, cuidado personal y placer porque cuantos más ratos agradables tengamos, más rica será. Podemos abrir nuestra atención a los muchos pequeños momentos de placer que vivimos en lo cotidiano: el café de la mañana, el sol de la primavera, una canción de la radio... Solo hay que estar atento para percibirlos.

 Elabora tu listado de todo lo que te nutra por dentro. Escribe lo bueno que descubres cada día: situaciones, personas o momentos que te aportan bienestar. Te incluyo algunos míos:

- Baño caliente
- Pintarte las uñas
- Ver una serie de televisión interesante
- Pedir y/o recibir un abrazo
- Jugar un partido con amigos
- Llamar a un amigo
- Organizar un viaje
- Ver fotos de momentos especiales
- Poner tu música favorita

Anima a tus hijos a hacer su propio listado de nutrientes emocionales. Diles que escriban cosas que les hacen sentirse felices, contentos o calmados. Pueden colgar la lista en su cuarto e ir anotando más cosas conforme las vayan recordando o viviendo.

Capítulo 6

Surgen problemas con la comida

Cuando una familia se forma hay muchos hábitos que instaurar. Los miembros de la pareja traen su experiencia personal, su modelo de padres, historias familiares que les han marcado, mensajes acerca de la educación, valores vitales... Cada uno viene con su estilo de alimentación, horarios, modos de hacer la compra y cocinar... Se abre entonces, un período de adaptación para conseguir acompasar los ritmos y costumbres de las dos personas que empiezan a convivir juntas.

La primera etapa supone un esfuerzo considerable para los dos, pero eso solo será el principio. La pareja empezará a construir un proyecto común y a partir de ahí, dando por supuesto que logren un buen engranaje, el sistema familiar se verá afectado por numerosos cambios evolutivos. Hay diversos procesos y momentos típicos del ciclo vital que se relacionan estrechamente con la comida, por ejemplo, cuando nos quedamos embarazadas y nace luego el bebé. Otra fase delicada es cuando tenemos hijos adolescentes y se generan problemas de imagen y autoestima. La llegada de la menopausia marca un hito en la vida de la mujer y en la del resto de la familia si no se gestiona bien. Otras veces, podemos tener en casa a una persona con mentalidad «siempre a dieta» que podría contagiar su control y su obsesión por el peso y los alimentos al resto.

Nadie está exento de situaciones de estrés laboral: son temporadas caóticas y agotadoras que llevan implícito un importante descontrol de horarios y una pérdida de hábitos saludables. Perder el empleo puede sumirnos en una crisis de identidad en la que nuestro estilo de alimentación se vea afectado. Viajes de ocio o de trabajo trastocan también nuestra manera de comer. Como vemos, en todas estas encrucijadas estará presente la comida.

Los cambios vitales afectan al sistema familiar, pero con un poco de atención podemos convertir esa situación adversa en una oportunidad para retomar buenos hábitos de salud y un mayor bienestar en casa. Podemos vivir cada uno de estos ciclos con angustia y tensiones familiares o con tranquilidad y tratando de incorporarlos con naturalidad. Vamos a pensar detenidamente algunos de esos momentos en que comer se vuelve un aspecto crítico.

Embarazo y la llegada del bebé

La próxima llegada de un bebé a su sistema familiar suele ser motivo de alegría e ilusión, pero también de preocupación porque todo vaya bien. Desde el momento en que una pareja recibe la noticia de que está embarazada, ambos progenitores empiezan a poner atención a la alimentación de la madre. Está sobradamente demostrada la importancia de una adecuada nutrición antes y durante la gestación.

La etapa del embarazo y los primeros años de vida son periodos fundamentales para el desarrollo correcto de la persona y van a determinar nuestra salud en el futuro ya que en dichas etapas se van a formar todos nuestros órganos y sus funciones. Pero si en nuestra vida llevamos una dieta variada y equilibrada, no tendremos que hacer grandes cambios. La dieta mediterránea es el mejor modelo de equilibrio nutricional y la que nos mantendrá sanas durante y tras el embarazo.

Que tengamos que esperar nueve meses para ver a nuestro bebé tiene toda su lógica: el embrión necesita tiempo para desarrollarse, pero también la pareja necesita ese tiempo para prepararse psicológica y físicamente al cambio. Es un período para preparar la llegada de un nuevo miembro a la familia y para cuidarse y establecer las bases que sustentarán el crecimiento adecuado del niño.

Ser conscientes de la importancia de la alimentación en estas etapas no significa que debamos obsesionarnos por alimentarnos *de manual*. El embarazo es un momento para disfrutar, para cuidarnos y esperar con ilusión la llegada de nuestro bebé y no para angustiarnos con prohibiciones o restricciones. Nuestro sistema sanitario hace un seguimiento cuidadoso a las embarazadas y esto, si bien es una suerte, también puede caer en el exceso de medicalizar el embarazo. Tranquilidad y sentido común son claves para que todo vaya bien y poder disfrutar de esta etapa.

Estar embarazada no es tener una enfermedad. A veces las mujeres nos responsabilizamos en exceso con el embarazo y vivimos con miedo algunas actividades cotidianas: hacer deporte, ir de viaje, salir con amigos… lo que nos lleva a quedarnos en casa para evitar riesgos. Por mi experiencia y la de muchas mujeres que me rodean, cuanta más normalidad haya tanto mejor irá todo. La mujer embarazada puede y debe seguir adelante con su vida laboral, con sus actividades deportivas y de ocio.

Conozco muchas mujeres que siguen saliendo a correr con frecuencia hasta que el embarazo está muy avanzado o que trabajan hasta casi el último día. No podemos hacer un paréntesis de nueve meses donde todo lo que nos hacía disfrutar de la vida se paralice. No podemos meternos en una burbuja para evitar riesgos y pasar horas y horas reposando. La espera sin actividad se hace mucho más larga y nos podemos obsesionar con pequeñas molestias. Mantenerse activa va a hacer todo mucho fácil.

El ejercicio físico es fundamental para la mujer embarazada. Todo su cuerpo va sufriendo modificaciones y es necesario que mantenga un buen tono muscular, agilidad y flexibilidad. Si dejamos de hacer deporte perderemos esa musculatura que tanto necesitamos para sostener el aumento de peso. Salir a caminar mejorará nuestra circulación. Acudir a yoga, pilates, clases de estiramiento o matronatación nos permitirá estirar bien las cadenas musculares y nos liberará de molestias en la espalda. Todo ello prevendrá lesiones, dolores o complicaciones en el embarazo. No obstante, si surgen complicaciones, el médico irá dando pautas y es bueno seguirlas con calma y sin alarmismos.

Sería bueno desterrar el tema de los «antojos». Este mito alimenta la idea de necesidad imperiosa y compulsiva de tomar aquello que se desea. Pueden deberse a cambios hormonales que se producen durante el embarazo y que afectan al gusto y al olfato; algunos nutricionistas creen que los antojos surgen para compensar una necesidad nutricional. Nuevamente, insistimos en que ni la restricción estricta ni el permiso absoluto son la solución. Si deseamos un capricho, podemos dárnoslo controlando la cantidad y frecuencia, tal y como lo haríamos si no estuviéramos embarazadas (ver apartado de tentaciones y caprichos en el capítulo 3).

Si la noticia del embarazo llega en un momento en que la mujer tiene sobrepeso o ha descuidado el ejercicio físico, es una excelente oportunidad para retomar buenos hábitos y empezar a cuidarse. El sobrepeso es un factor de riesgo para la mujer embarazada ya que puede sufrir hipertensión, problemas circulatorios o diabetes gestacional y el bebé tendrá mayor probabilidad de sufrir sobrepeso en la infancia. No obstante, se puede tener sobrepeso y estar en forma durante el embarazo si modificamos nuestros hábitos de salud alimentándonos bien, haciendo ejercicio y siguiendo las indicaciones del médico.

Pero no podemos poner todo el foco en la mujer embarazada, también el padre ha de cuidarse. Su estado de salud influye en la concepción y tras el nacimiento del bebé. Llevar una alimentación sana y equilibrada debería ser un objetivo de familia desde el primer día de embarazo (si es que no lo era ya antes), para poner unas bases sólidas antes del nacimiento del bebé. No olvidemos que desde el momento de la gestación el bebé está recibiendo nutrientes a través de la madre y su alimentación será fundamental para un correcto desarrollo.

A lo largo del libro, hemos incidido en varias ocasiones en que los padres somos el mejor ejemplo para nuestros hijos y el bebé va a aprender a comer de todo si nos ve a nosotros hacerlo. Educar el paladar de nuestro hijo y enseñarle a disfrutar de nuevos sabores es tarea nuestra. Los bebés pueden comer en su trona desde bien pequeños compartiendo la mesa con el resto de la familia. Es una oportunidad para probar nuevos sabores, texturas, empezar a comer como mayores con cubiertos... El niño se sentirá incluido en el sistema familiar, dejará de verse como pequeño y tomará como «normal» comer de todo y con todos.

Todavía recuerdo las primeras veces que nuestra hija mayor, con tan solo unos meses, se sentó con nosotros a la mesa. Su cara reflejaba la alegría que sentía por estar junto a nosotros, entraba en relación con nosotros y así fue incorporando el hábito de comer juntos con total normalidad.

Por tanto, sentar a la mesa a nuestro bebé ofrece muchas ventajas:

Una estupenda oportunidad de estimulación sensocognitiva. Los niños exploran el mundo y aprenden de él a través del tacto y la boca. El acto de comer es un momento de estimulación importante. Ofrecemos a sus sentidos estímulos que les despiertan curiosidad. Por eso, debemos dejar a los bebés tocar y manipular la comida. La estimulación sensorial (a través de los sentidos) es el primer escalón en la estimulación cognitiva y ayudará a que sean niños despiertos y curiosos con capacidad para aprender.

Se acostumbran desde pequeños a estar en la mesa junto a su familia, reírse, hablar de sus cosas, escuchar a otros, etc... Formar *parte de* y no sentirse *el diferente*, ayuda a que el niño se integre bien dentro de la familia y luego con sus amigos en el cole. Cuando incluimos al bebé en la dinámica familiar (en lugar de apartarle con horarios diferentes), este se adapta mucho mejor a entornos bulliciosos y aprende a relacionarse mejor. Sentar a la mesa a nuestro bebé le permitirá ser una persona sociable y comunicativa en el futuro.

La introducción de nuevos grupos de alimentos se hace con mayor normalidad. Hemos repetido en numerosas ocasiones que los niños hacen lo que ven en sus padres. Si estamos sentados a la mesa comiendo, podemos darle a probar al niño distintos platos y sabores. Los bebés no tienen prejuicios, a diferencia de los niños más mayores, con el olor, color o sabor de algunos alimentos. Por ello, debemos aprovechar la oportunidad para darle a conocer una gran variedad de sabores. Así su paladar se irá acostumbrando y no será reacio a nuevos alimentos.

Aprenden a comer lo mismo que el resto de la familia con lo que evitamos manías o rechazo a algunos alimentos. No hay cosa que más le guste a un niño que ser tratado como un mayor. Cuando el bebé observa que come lo mismo que sus hermanos y padres tiene una motivación extra para probar su plato. Querrá demostrar a todos que él también es mayor y puede comer lo mismo que el resto y así, sin darse cuenta, estará llevando una dieta variada y rica como los demás.

La adolescencia

En el colegio de mis hijos hicieron una encuesta anónima en una tutoría. La pregunta era: ¿qué te gustaría que te dijeran más a menudo tus padres? La gran mayoría contestó:

- Que se sienten orgullosos de mi
- Que me quieren
- Que me estoy esforzando

Así son los adolescentes; bajo esa apariencia de pasotas que tienen con nosotros o de no necesitar nada de sus padres, se esconde una necesidad de afecto y aprobación. Los adolescentes necesitan separarse de los padres y a la vez tenerles cerca y sentir su presencia y sus límites.

La adolescencia es un periodo de cambios: su cuerpo cambia notablemente, su ocio es diferente a cuando eran pequeños, cambian también los amigos, cambia su carácter y personalidad. A medida que los hijos van creciendo, reivindican su autonomía y sus gustos propios. En esta época, son especialmente vulnerables a las opiniones de sus iguales (amigos, pandilla), redes sociales y medios de comunicación. Están especialmente expuestos al peso de la moda y los modelos referenciales con quienes identificarse. Es decir, tienen ídolos a los que admiran, imitan y siguen en su día a día. Sus cánones de belleza se basan en estos modelos y desde ahí concluyen si los demás o ellos mismos son guapos o feos, gordos o flacos, *cool* o *losers*.

Los adolescentes absorben como esponjas cualquier opinión que se haga sobre su cuerpo, su imagen o su peso; por eso, nosotros los padres hemos de ser especialmente cuidadosos con comentarios sobre su apariencia, talla o altura. El adolescente es extremadamente crítico consigo mismo y no acostumbra a hablar bien de sí. Parece que lo correcto es «ponerse a caldo» y sacar todos sus defectos a relucir. Es una época en la que se sienten muy inseguros y como tienen el enemigo dentro de sí mismos necesitan escuchar de fuera (de sus padres) que valen mucho, que nos gustan tal y como son, que estamos muy orgullosos de ellos y que los queremos.

Si desde pequeños nos han escuchado hablar de nuestro cuerpo y nuestra imagen corporal de una manera sana, tendrán herramientas para enfrentarse a críticas de amigos o para defenderse de la presión social y los cánones de belleza. Si han interiorizado que la alimentación debe ser variada y que lo importante es estar sanos y no estéticamente perfectos, tendrán menos probabilidad de caer en dietas muy restrictivas o en el abuso de comida-basura.

Recuerdo el caso de una paciente, Paz, de 23 años, que llegó a mi consulta por su «obsesión por el peso». Desde pequeña luchaba por estar en otro peso distinto al suyo. Cuando solo era una niña y en su cumpleaños soplaba las velas, deseaba estar delgada. Conforme avanzó hacia la adolescencia empezó a tener muchas conductas de evitación: no quería ir a comprarse ropa, no salía a comer fuera porque así no podía controlar lo que comía como en casa, empezó a evitar ir a la playa para no ponerse bikini… En una sesión, me habló de su padre. Siempre estaba muy pendiente del peso y le hacía comentarios acerca de su cuerpo y de sus kilos de más. Era muy exigente en los estudios a pesar de que ella era brillante académicamente. Nunca le felicitaba por sus logros y ella siempre intentaba superarse para conseguir su aprobación.

Ese desajuste con la comida tenía su causa en un ambiente familiar muy estricto, con pocas manifestaciones de afecto y menos aún de reconocimiento. Sus necesidades de cariño y aceptación incondicional no se cubrían y Paz se refugiaba en los atracones de comida para calmar su enfado y frustración. Paz creció con el mensaje «si no eres delgada, no vales», y sentía que a pesar de los esfuerzos que hacía, no lograba cumplir las expectativas de su padre.

En capítulos anteriores hablábamos de los múltiples beneficios que tiene sentarse a la mesa en familia y esto es especialmente importante en la adolescencia. Estos encuentros alimentan la autoestima del adolescente y le ayudan a sentirse querido y perteneciendo a su familia. Está demostrado que los jóvenes que se relacionan de forma satisfactoria y frecuente con su familia tienen menos probabilidad de tener problemas con las drogas, la alimentación, depresión, etc.

Comer o cenar juntos supone una oportunidad para saber lo que cada uno piensa, para tantear cómo están nuestros hijos emocionalmente, para sacar temas que nos preocupan como padres (drogas, alcohol, sexo, estudios…), para enriquecernos con diferentes opiniones. Por ello, hemos de propiciar estos encuentros y evitar que se lleven la comida a su cuarto y se aíslen con las pantallas. También deberíamos dejar los móviles lejos de la mesa para conversar sin distracciones y escucharnos de verdad unos a otros.

Los adolescentes se sienten queridos y cuidados cuando hay comida en la nevera, cuando compartimos la mesa y les preguntamos por sus cosas importantes. A pesar de que protesten porque somos unos padres *pesados,* les gusta sentarse junto a los mayores para saber nuestra opinión sobre multitud de temas que les preocupan y para compartir su día a día.

Los padres también debemos evitar hacer comentarios sobre nuestro físico delante de los niños (*me veo horrible, mira que tripa tengo, así no puedo salir a la calle…*) porque absorberán estos mensajes y los repetirán, y lo que es peor, empezarán a construir una imagen de sí mismos negativa, basada en el físico más que en el interior. Somos los adultos los primeros que tenemos que trabajar sobre la percepción de nuestro cuerpo. Mostrarnos amables y agradecidos con él nos hará aceptarlo tal y como es.

A veces en consulta, cuando la persona que tengo enfrente no para de quejarse de los defectos de su cuerpo, le digo: «¿Tú te has parado a pensar en todo lo que hace tu cuerpo por ti? Te sujeta, te trae y te lleva, te permite sentir, afronta las enfermedades y lucha para defenderse». Y nosotros en lugar de cuidarlo y darle lo que necesita (ejercicio, descanso y una buena alimentación) lo forzamos en exceso y nos quejamos del paso del tiempo.

Cuando hacemos un drama porque ese vestido nos queda mal o por la cara con la que nos hemos levantado, estamos enseñando a nuestros niños que la apariencia es lo más importante y que solo se puede ser feliz si eres perfecto por fuera. En cambio, los padres que tienen un buen concepto de sí mismos, aceptan su cuerpo tal como es y lo cuidan, estarán mostrando a sus hijos el camino hacia una buena autoestima.

Entonces ¿cómo podemos ayudar a nuestros hijos a tener un buen concepto de sí mismos y una relación sana con la comida y su cuerpo?

Dándoles mensajes de aceptación incondicional a su persona, su físico y carácter. La aceptación incondicional consiste en querer al otro sin condiciones, tal y como es. Esto no es tarea fácil porque normalmente aceptamos al otro si es como a nosotros nos gusta que sea. Los adolescentes tienen muy grabado este mensaje y por eso tratan de ser como sus iguales (sus referencias) quieren que sean. Así que les supone un alivio muy grande llegar a casa después de todo un día intentando ser como otros quieren que sean, y oír de sus padres que los queremos tal y como son, que nos gustan por ser ellos sin más y que nos parece que siempre están guapos.

Intentando reforzar actitudes y valores más que piropos u opiniones sobre la apariencia externa. Tratemos de poner atención a las actitudes que tienen nuestros hijos más que a cualidades físicas. Podemos destacar sus comportamientos: *me gusta mucho como te has esforzado en este tema, me pone contenta ver cómo te organizas con tus estudios, gracias por colaborar en casa, eres muy generoso…* Y, como ya sabemos, aquellas cosas que se refuerzan positivamente tienden a repetirse.

Hablando de la comida sana y sus beneficios, no de peso, kilos, dietas o cuerpo. Los adolescentes quieren tener un cuerpo como el de los modelos y ponen gran parte de su valía en tener una determinada imagen. Debemos evitar darles refuerzos positivos por el hecho de perder peso. Si manifiestan que tienen que adelgazar o que van a hacer la última dieta de moda, cambiemos el lenguaje y hablémosles de estar sanos, de comer bien, de hacer ejercicio… Podemos lanzar este mensaje:

 En esta casa queremos estar sanos, no delgados.

Los jóvenes necesitan límites, cercanía y autonomía. Cuando nuestros hijos son pequeños tenemos un estrecho control sobre su alimentación, pero a medida que van creciendo irán tomando sus decisiones respecto a lo que comen. Seguramente saldrán con sus amigos y comerán más a menudo fuera de casa y, a veces, lo harán en exceso. Aunque nos resulte difícil, debemos dejar que nuestros hijos elijan y cometan errores.

Los trastornos de alimentación de bulimia y anorexia tienen una causa frecuente en entornos familiares muy controladores y exigentes. El niño ha crecido en un ambiente que daba mucho énfasis a estar delgado, a no comer grasas o hidratos y ese hipercontrol lo termina incorporando a su vida. Además, se le ha exigido un nivel muy alto en los estudios y sienten que solo recibirán la aprobación de sus padres y de los demás si son brillantes. Este tipo de trastornos requiere la intervención a tiempo de un equipo multidisciplinar y un trabajo profundo en el seno de la familia.

Conforme se van haciendo mayores, debemos darles más autonomía y permitirles un mayor control sobre su vida y su dieta. Así estaremos reduciendo la ansiedad por la comida y los problemas de alimentación, y dándoles oportunidades de aprender por la experiencia mediante el ensayo y el error. Por ejemplo, si nuestro hijo sale con sus amigos y vuelve empachado porque se ha comido tres hamburguesas, experimentará malestar físico por haberse excedido y aprenderá que la próxima vez debe controlar la cantidad de comida que toma.

Ser padres de hijos adolescentes consiste nada menos que en lograr un difícil equilibrio entre dar autonomía y al tiempo mostrar signos de presencia. Un adolescente sin límites y sin cierta supervisión se pierde y se desorienta, porque todavía no está capacitado al 100 % para hacerse cargo de su vida. Por ello, debemos seguir cuidando las comidas en familia para compartir y acompañarlos en el día a día. Tener hijos adolescentes supone asumir que se van y nos vamos haciendo mayores. También nosotros entramos en otro ciclo vital.

Menopausia

La menopausia es el periodo de la vida de una mujer en el que cesa la regla y acontece, de media, entre los 48 y los 55 años. Sus ovarios dejan de producir óvulos y el organismo disminuye la producción de hormonas femeninas. Por tanto, es un período de cambios biológicos y una fase transitoria natural. No es una enfermedad.

La menopausia, de modo parecido a la época de la adolescencia, es un tiempo de cambios fisiológicos, psicológicos, familiares y sociales. Algunos cambios fisiológicos son: sofocos, insomnio, pérdida de masa muscular y disminución de masa ósea, alteraciones del estado de ánimo (estrés, irritabilidad, fatiga, tristeza), disminución de elasticidad en pelo y piel, redistribución de la grasa corporal. Este último punto, el cambio físico y el posible aumento de peso, preocupa especialmente a las mujeres que empiezan a entrar en la menopausia.

Pero no todas las mujeres padecen todos los síntomas ni de la misma manera. De hecho, se puede vivir la menopausia con o sin síntomas. Diversos estudios demuestran que las quejas por síntomas frecuentes (por ejemplo, los sofocos) varían enormemente de una cultura a otra. Por ejemplo, en Japón las mujeres no se quejan de sofocos, frente al 80 % que si los manifiestan en Holanda o el 76 % de Chile.

Aunque unas mujeres son más sensibles que otras a los cambios hormonales, parece que los factores que más influyen para vivir una buena menopausia son los culturales y psicológicos. Por ello, una buena preparación y una buena adaptación a estos cambios van a influir decisivamente en el grado de satisfacción que la mujer tenga durante esta etapa. En esta línea de preparación, sería bueno poder desmontar algunos tópicos y creencias acerca de la menopausia:

Siempre se engorda. No es cierto. La verdad es que hay una redistribución de la grasa corporal. Si a los 20 años teníamos un 25 % de grasa corporal, llegadas a los 50 esta se convierte en un 42 %. Además, la mayoría de esta grasa se sitúa en el abdomen y puede disminuir la cintura y aparecer una tripa que no teníamos antes. Pero siguiendo una dieta variada y equilibrada y haciendo ejercicio con regularidad no hay por qué coger peso.

Tenemos que tener en cuenta que conforme vamos cumpliendo años nuestra vitalidad y energía física pueden bajar; eso significa que nos moveremos menos y nuestro cuerpo podrá perder algo de masa muscular. Este descenso de actividad física implicará quemar menos calorías que antes, por lo que necesitaremos ingerir menos comida también. Si nuestro estilo de vida se vuelve más sedentario hemos de adaptar nuestra dieta a ello, bajando el número de calorías que ingerimos al día.

Esos tópicos muestran que la «crisis menopaúsica» es una etapa transitoria que puede afectar a la autoimagen de la mujer. Decíamos más arriba que entre los posibles síntomas que experimenta la mujer se encuentra una pérdida de elasticidad en la piel y en el pelo, lo cual supone un aumento de las arrugas. La mujer siente que no tiene la piel tan tersa como años atrás ni el «tipo» que lucía antes. Estos cambios pueden hacer que se sienta menos atractiva y que tenga menos autoestima. Algunas mujeres al verse «feas», se deprimen y comen más hidratos y dulces buscando un consuelo.

Un estudio hecho en Stanford reflejó que el 72 % de la muestra de mujeres notaron cambios en el interés sexual:

un 48 % percibió una disminución del interés sexual y un 23 % un aumento de la libido. Así que no podemos generalizar que el deseo sexual se acabe con la menopausia. Con la menopausia desaparece el miedo a embarazos no deseados y la mujer puede vivir la sexualidad de una manera más libre, sin connotaciones reproductivas, y mucho más enfocada al placer y a la comunicación con su pareja.

Siglos atrás, la esperanza de vida era de 40-50 años, por lo que la llegada de la menopausia marcaba el inicio de la vejez. Nada que ver con la situación actual. Algunas mujeres asocian la menopausia con la antesala de la vejez, pero actualmente entre los 55 y los 75 años tenemos 20 años de muy buena calidad de vida. Son años sin tantas cargas ni ocupaciones.

No todo se debe a la menopausia. Muchas veces esta crisis pone también de manifiesto insatisfacciones profesionales, familiares o de pareja y estados emocionales que afectan a la calidad de vida de la mujer y por consiguiente a su familia y su pareja. Durante la cincuentena, la situación familiar varía mucho: los hijos se hacen mayores, se van de casa, y la mujer puede sufrir el *síndrome del nido vacío*. Aunque es más común en las mujeres, puede ocurrir en ambos sexos.

Es una sensación de soledad que los padres pueden sentir cuando los hijos dejan el hogar. La mujer que no trabajaba fuera de casa podía tener asociado su sentimiento de valía a atender a su familia y cuando ellos se van se siente poco útil, sin propósito en la vida. Se sentía realizada cuidando y criando a sus hijos y de pronto esa situación desaparece y la mujer se siente vacía y con mucha frecuencia recurre a comer hidratos y dulces para salir de esa tristeza.

El hombre también atraviesa su crisis vital y eso puede generar roces o tensiones en la pareja. Las necesidades sexuales cambian y la respuesta fisiológica varía por lo que se imponen adaptaciones en todos los focos vitales. Tras 30 años dedicados al cuidado de la familia, la pareja siente un gran vacío y deben reinventar su vida, retomar actividades o intereses aparcados durante tanto tiempo o empezar otros nuevos.

Como en todo cambio, se abre una oportunidad para crecer. Perdemos algo, la capacidad de reproducción, pero ganamos la posibilidad de disfrutar de actividades que nos gustan, de una vida sexual despreocupada de posibles embarazos y de poder retomar relaciones sociales ahora que la época de crianza ha acabado.

Así pues, es el momento de:

- «Ahora me toca a mí»: después de muchos años centrada en el cuidado de su familia llega un tiempo para retomar hábitos de salud: dormir más, cuidar la alimentación, retomar el ejercicio físico, hacer relajación...
- Tiempo de autocuidado, crecimiento personal: cultivar intereses culturales, hobbies, actividades de ocio.
- Reforzar redes de amistad, de intimidad y comunicación: es hora de recuperar amigos y disfrutar de la familia de una manera más relajada.

Algunas mujeres en este periodo de su vida sienten verdadera necesidad de comer dulces, bollos o pan al final de la tarde. Esto les hace subir de peso y sentirse más desanimadas. La presencia de antojos, atracones o conductas compulsivas (no poder parar de comer algo que sabemos que no nos conviene) es síntoma de que nuestra vida emocional no está completa. Buscamos por medio de los hidratos de carbono recuperar la sensación de saciedad y satisfacción, aunque en realidad el problema está en otro sitio.

Los atracones se caracterizan por ingerir una cantidad exagerada de comida muy calórica en un corto espacio de tiempo y casi siempre a escondidas. No son exclusivos de mujeres con menopausia. Hay hombres de mediana edad que también los sufren y gente joven que tiene instaurado este hábito. Hay que escuchar el mensaje que se esconde bajo los atracones al final del día. Casi siempre significan que a la persona le falta algo. Hay 3 tipos de razones o necesidades fundamentales:

1. *Nutricionales.* Si pasamos hambre a lo largo del día, no debe extrañarnos que lleguemos hambrientos a casa. Insistimos en la necesidad de comer con frecuencia a lo largo del día. No es bueno que tengamos a nuestro cuerpo casi en ayunas la mayor parte del día y luego le demos un festín. Si al llegar a casa estamos hambrientos, deberemos comer algo nutritivo y contundente (que incluya proteína) y dejar a un lado los hidratos de carbono de rápida absorción.

2. *Físicas.* Nuestro cuerpo está cansado al final del día. Solemos tener jornadas maratonianas donde no hay ratos de descanso ni comidas frecuentes. El cansancio físico y mental nos demandan una dosis extra de glucosa para nuestro organismo, por eso tenemos esa «necesidad» de comer algo dulce. En lugar de llegar exhaustos al final del día, deberíamos alimentar a nuestro cuerpo cinco veces al día) y dar descanso a nuestro cerebro. Podemos hacer pequeñas paradas en el día: salir a dar un minipaseo de 10 minutos, poner los pies en alto y respirar profundamente, llamar a una amiga, etc.

3. *Psicológicas.* El hambre emocional no debe confundirse con el hambre física. Como decíamos en el capítulo 5, si hay una necesidad psicológica sin cubrir

(sentirnos queridos, tener un grupo de pertenencia), la comida puede presentarse como un remedio para silenciar la soledad, tristeza, angustia o aburrimiento. Debemos enriquecer nuestra vida con experiencias (no comida) que nos aporten esa alegría y placer que nos está faltando.

Lola llegó a mi consulta cuando tenía 33 años. Venía avergonzada por darse atracones casi todos los días. Su familia vivía fuera y ella se sentía muy sola en Madrid. Al final del día pasaba por la tienda de la esquina a comprar galletas y patatas antes de llegar a casa y se lo comía rápido hasta que lo acababa todo. A pesar de sentirse llena y con ganas de vomitar, no podía parar. Bajo los atracones Lola ocultaba la soledad y la tristeza.

Al poco tiempo encontró pareja, pero esta también vivía fuera de Madrid. Por las noches volvió a darse atracones. Tuvimos que trabajar el mensaje que había tras ellos y pronto identificó que estaba sustituyendo los abrazos y la compañía de su novio por tostadas de nocilla. Entonces habló con él y le dijo cuánto lo echaba de menos por las noches. Establecieron la dinámica de llamarse cuando Lola salía del trabajo y todo el camino a casa lo pasaba hablando con él. Así dejó de hacer la parada técnica en la tienda de la equina y subía directamente a casa a cenar equilibradamente.

Para finalizar este apartado dedicado a la menopausia, algunas recomendaciones nutricionales para evitar subir de peso y tener una buena calidad de vida durante esta etapa:

- No debemos restringir comidas. Hemos de seguir haciendo cinco comidas al día.
- No nos prohibamos alimentos; si tenemos mucho deseo de algún alimento de consumo ocasional, es mejor probar un poco y saborearlo que prohibírnoslo

porque eso acentuará la ansiedad por tomarlo y tarde o temprano nos descontrolaremos. Trataremos de controlar un poco más la cantidad de grasas e hidratos de carbono.

- Ponernos objetivos realistas: muchas veces sufrimos porque tenemos unas expectativas difíciles de cumplir. Tenemos que adaptarnos a esta nueva etapa y dejar de soñar con tener el peso o el cuerpo de hace 30 años. Aceptemos los cambios y disfrutemos de las ventajas que nos trae esta etapa.

- Hay alimentos que pueden aumentar los sofocos: las bebidas excitantes, el café y el alcohol. Si controlamos el consumo de estos productos notaremos cómo disminuyen esos molestos síntomas. El tabaco tampoco forma parte de una vida saludable.

- Es recomendable tomar 3-4 huevos semanales. Los huevos nos aportan un gran valor nutritivo, y son ricos en vitamina D. Esta vitamina es fundamental para el proceso de fijación del calcio y es imprescindible para mantener nuestros huesos sanos y fuertes durante la menopausia.

- También los lácteos, especialmente los bajos en grasa, son ricos en calcio, y son fundamentales para el mantenimiento de los huesos.

- La hidratación es fundamental para paliar los efectos de la menopausia. Es conveniente llevar siempre una botella de agua fresca a mano.

- Hacer ejercicio moderado (30 minutos) todos los días. El ejercicio físico nos permite quemar calorías y nos pone en contacto con nuestro cuerpo. A los 20 minutos nos regala una sensación de bienestar segregando endorfinas y eleva nuestro estado de ánimo si en esta temporada estamos algo deprimidos o ansiosos.

Estrés laboral

Hay determinados ciclos de la vida que coinciden con una gran responsabilidad familiar y laboral al mismo tiempo. En la década de los 40 y 50 años las familias se encuentran en plena crianza y adolescencia de los hijos; son años de gran recorrido profesional y esto supone muchas veces un aumento de la responsabilidad en el puesto desempeñado. Además, al acercarse a los 50 la mujer entra en la menopausia con los cambios fisiológicos y psicoemocionales que esto conlleva. Esta época supone un gran desgaste para los padres y debemos extremar las medidas de autocuidado.

Son afortunados aquellos que tienen un trabajo con los horarios muy establecidos. Esto les permite planificar sus horas de comida y tentempiés sin problema. Su organismo está bien regulado y su metabolismo trabaja de manera constante ya que come con frecuencia. Además, pueden elegir con calma el menú de la comida logrando un buen equilibrio entre verduras, proteínas e hidratos. Suelen ser personas que comen el menú del día en un restaurante cercano o se llevan la comida preparada de casa en un táper.

En el otro lugar de la balanza se encuentran las personas que tienen puestos dinámicos, con frecuentes salidas de la oficina, reuniones que se alargan, viajes… y que convierten el momento de comer es una incógnita a despejar. Estas personas no saben cuándo, dónde ni con quién comerán muchos días y eso supone que acaben comiendo lo primero que pillan en cualquier lugar por el que pasan.

Para estas personas es imprescindible hacer un buen desayuno tranquilo en casa en el que no falte fruta, proteína, lácteos e hidratos de carbono. Otra cosa que les recomiendo siempre es que metan en el bolso o cartera dos piezas de fruta antes de salir de casa para poder comerlas entre horas. Estas personas con mucha frecuencia someten a su cuerpo a ayunos prolongados de más de seis horas sin comer, combinado con copiosas comidas de negocios.

En reuniones de trabajo suelen tener al alcance comida poco saludable (bollería, pastas, sandwiches) y no tienen más remedio que comerla para no pasar tantas horas sin ingerir nada. También es cierto que en estos encuentros de trabajo se empieza a ofrecer fruta con mayor frecuencia y es una excelente alternativa a la bollería industrial.

Las comidas de negocio se pueden convertir en una ratonera si nos ofrecen un menú cerrado. Si no es así, deberíamos tratar de buscar entre las distintas opciones aquellas más sanas y bien balanceadas: incluir una buena ración de verdura con una ración de proteína y un acompañamiento de hidratos de carbono (arroz, patata, pasta). En el caso de menús cerrados, deberíamos evitar las salsas y los postres, cambiándolos por un café o infusión.

Tendremos que poner atención al pan y a la cantidad de comida que nos pongan en el plato. Siempre podemos pedir que nos pongan media ración. Si la comida se alarga mucho, seguro que nos ofrecen una copa de alcohol. Evitarla también será un avance para que esas comidas no nos hagan volver a casa pesados, con una digestión difícil y, seguramente, de mal humor.

Mucha gente come de menú todos los dias fuera de casa. Aunque a priori es una comodidad, a la larga tiene algunos incovenientes. Las comidas cocinadas en restaurantes llevan aceites y grasas poco saludables y abusan de la sal, los rebozados y las salsas. Deberíamos tratar de comer lo más sencillo y natural posible. Es decir, elegir una ensalada en lugar de la pasta, o una verdura salteada frente a un guiso pesado. Para el segundo, podríamos decantarnos siempre por una proteína a la plancha y tratar de elegir con más frecuencia pescado que carnes rojas.

En el menú diario nos encontramos varias tentaciones evitables: el pan (en una proporción mucho mayor de lo deseable), la bebida (optar por agua es la mejor opción) y los postres, en cuyo caso elegiremos siempre una pieza de fruta de temporada. Recuerda que siempre puedes pedir medio menú que lleve proteína, verdura o hidratos de acompañamiento y una fruta de postre.

Desde que se desató la crisis económica, muchas personas optaron por ahorrarse el gasto diario de comer en restaurante, llevándose la comida preparada de casa en un *tupperware*. Esta medida, además de suponer un ahorro económico familiar, es una garantía de comer sano si nos organizamos bien. Comer de táper supone cocinar todos los días y eso es un esfuerzo extra, pero, al mismo tiempo, nos podemos asegurar que comeremos de manera más equilibrada.

Algunas personas no tienen tiempo para cocinar al llegar a casa la comida del día siguiente y prefieren hacerlo los fines de semana y congelarla para que se conserve bien. Otras familias optan por preparar una cena abundante que les permita reservar un poco para llevarse al día siguiente. Cualquiera de estas opciones es adecuada. Hemos de incluir en nuestro táper con cierta frecuencia legumbres, pescado y carnes blancas y poner atención a la cantidad que nos ponemos. Recuerdo a una persona con sobrepeso que se quejaba de no perder kilos a pesar de llevarse todos los días el táper al trabajo. Indagando en el tema, descubrí que llevaba un táper mucho más grande de lo recomendado y así ¡comía doble ración! Revisemos también si nuestros platos tienen exceso de grasa (mucho aceite, chorizo o embutidos) o si abusamos de los hidratos quedándonos cortos en las frutas y verduras.

Otro caso difícil de abordar en relación a la comida es el de aquellas personas que trabajan desde casa. Es muy frecuente que, a falta de una breve charla con un compañero o de levantarse a por un café a la máquina, estas personas hagan continuas visitas a la nevera buscando salir del aburrimiento, cansancio o ansiedad que les provoca algún tema laboral. Para aquellos que trabajan en casa, puede ser útil establecerse un horario de comidas en el que se incluyan varias paradas a media mañana o media tarde para tomar un café o una infusión y una fruta en otro momento. Si repartimos esas comidas en varias tomas, podemos evitar ir a la nevera continuamente y comer sin control.

Tampoco lo tienen fácil las personas que trabajan con comida; es decir, cocineros y camareros. Durante toda su jornada laboral están en estrecho contacto con alimentos y sus sentidos perciben continuamente el olor, la apariencia de los platos, el gusto si hay que probarlo de sal... En mi experiencia, estas personas toman dos caminos bien distintos.

En el primer caso se encuentran las personas que terminan aborreciendo la comida, sus sentidos se saturan y pierden el interés y el gusto por la comida. Conchi llegó a mi consulta tras haber perdido a su marido después de una enfermedad prolongada. Era cocinera y desde la muerte de su esposo presentaba una seria desorganización en su vida personal. Solo trabajaba en el restaurante y dormitaba en su casa. Durante su jornada laboral apenas probaba bocado. A veces estaba en pie hasta las cinco que volvía a casa ¡con dos cafés y un churro! No cocinaba nunca para ella y su nevera estaba vacía. Lo que nunca faltaba en su casa era el chocolate y podía comerse una caja de bombones de una sentada.

El trabajo en terapia consistió en la elaboración de su duelo y la reorganización de sus hábitos de salud. Comenzó a comer en el restaurante, en el fin de semana se dejaba preparada comida para el resto de la semana, volvió a reanudar su vida social en el barrio, bajaba a caminar y reguló sus horarios de sueño. Al llegar a casa se echaba una pequeña siesta y luego salía a la calle a hacer cualquier recado. Así, por la noche, tras una cena sana y ligera, podía conciliar el sueño y recuperarse para volver al trabajo al día siguiente.

En el otro lado, se encuentran las personas que no paran de picar durante todo el día y beben gran cantidad de bebidas azucaradas y cerveza. Este tipo de personas tienen que poner especial atención al picoteo automático y organizarse muy bien sus horas de comida. Puede ayudarles comer justo antes de empezar el servicio de comidas y cenas para no tener sensación de hambre durante todo ese rato y reducir la ansiedad por la comida. Y deben incluir su fruta o tentempié de media mañana y media tarde. Introducir el hábito de beber agua con frecuencia puede reducir su sensación de sed y evitar las bebidas azucaradas o el alcohol.

Cambios vitales

Las familias se enfrentan a cambios continuos en su vida. Surgen épocas de mucho movimiento, como acabamos de ver en el apartado anterior, por el estrés laboral; pero también surgen viajes, mudanzas o cambios de trabajo que afectan a nuestro estilo de alimentación. Sin caer en extremismos, hemos de tratar de mantener nuestro esquema nutricional equilibrado para poder afrontar esos cambios.

Los momentos de estrés, sobrecargas o cambio de hábitos correlacionan frecuentemente con comidas más copiosas, desorden en los horarios de comidas, elección de alimentos de manera impulsiva, atracones o ingesta emocional. Toca entonces, estar atentos a la alimentación y cuidarnos, dando a nuestras necesidades emocionales una respuesta acorde.

Por ejemplo, si estamos muy estresados, podemos darnos un baño o una ducha larga al llegar a casa en lugar de atracar la nevera. O, si no sabemos a qué hora comeremos, podemos llevarnos una manzana al trabajo para tomar a media mañana y tomar un buen desayuno antes de salir de casa. En momentos de desorganización externa tendríamos que ser especialmente organizados con nosotros mismos y cuidarnos más: tratar de dormir lo suficiente, comer varias veces al día, tomarnos minidescansos a lo largo de la jornada, etc.

Nos detendremos en este apartado a reflexionar sobre algunas situaciones en las que se hace especialmente difícil gestionar la comida en nuestro día a día.

Desempleo

Una de las situaciones que más descolocan nuestro *buen comer* es la pérdida del empleo. Cuando una persona pierde su trabajo y comienza a buscar otro suele experimentar ansiedad y, a la larga, desánimo y tristeza. Si la búsqueda se alarga pueden aparecer algunos síntomas depresivos y terminar comiendo más de la cuenta para apaciguar su malestar emocional.

Según un estudio realizado en Alemania en 2011 sobre factores de riesgo en la salud de personas que buscan trabajo, la obesidad figura como uno de los principales factores de riesgo que padecen las personas desempleadas, sobre todo si el desempleo es de larga duración. Las posibilidades de padecer obesidad estando desempleado aumentan considerablemente cuanto mayor es la edad de la persona y cuanto mayor es el periodo que se está desempleado. En relación al sexo, los hombres parecen tener un riesgo ligeramente superior de acumular peso estando desempleados que las mujeres, un 50,1 % frente a un 40,4 %.

Las consecuencias del desempleo son muy perjudiciales para la persona que está parada, pero también para su familia. Se impone un reajuste económico y emocional. El sistema familiar cambia, las cargas familiares se redistribuyen y el clima emocional también se verá afectado. Está demostrado que las familias varían sus hábitos de alimentación cuando un progenitor se queda en paro. Así puede afectar al desempleado y su familia la nueva situación:

- Privación económica: el desempleo correlaciona con la pérdida de capacidad económica y esto conlleva: peor alimentación, peor respuesta ante necesidades extraordinarias (gastos en medicamentos, atención sanitaria, etc.), peores condiciones de vida (alojamiento, higiene, etc.). Las personas en paro reducen su presupuesto de gasto en el carro de la compra y comen menos alimentos frescos: frutas, verduras, carne y pescado.

- Falta de control y lugar de control: la actividad laboral como sistema de control del resto de las actividades desaparece y por tanto se pierde un factor regulador de la vida diaria. La actividad laboral nos vertebra y nos da estructura en nuestra vida. Cuando perdemos el trabajo y no tenemos horarios, nuestra vida se vuelve más caótica y, por tanto, la vida familiar se ve también afectada.

- Estrés: los desempleados tienen un grado elevado de estrés que combina los problemas económicos, con los profesionales, las perspectivas vitales, etc. Los padres de familia sentimos un nivel de responsabilidad alto por mantener económicamente a nuestros hijos y esto aumenta el nivel de estrés cuando estamos desempleados. La persona en paro no solo sufre por estar sin trabajo ahora, sino por la incertidumbre de no saber cuándo encontrará uno. Sus perspectivas vitales se ven trastocadas.

- Ambiente de trabajo: el ambiente laboral es un factor importante en la salud, ya que aporta satisfacción por el trabajo realizado y apoyo y compañerismo. El trabajo nos permite la realización personal, pero una persona en paro no solo ha perdido un trabajo, también ha perdido toda la red social que tenía en él: compañeros, clientes, amigos. Y todos estos factores son importantes para la salud.

Al igual que en el resto de cambios vitales, queremos ver la búsqueda de empleo como una oportunidad que se nos brinda para vivir mejor. El parón involuntario que supone la falta de empleo está siendo aprovechado por personas con sobrepeso para poder someterse a diferentes tratamientos médicos que permitan combatir el problema, asimilar un cambio de hábitos alimenticios y por lo tanto conseguir perder peso.

Es un momento ideal para introducir hábitos de salud por parte de la persona desempleada y de su familia. Sin duda, la persona desempleada tendrá ahora más tiempo para hacer la compra con pausa, cocinar y equilibrar los menús. Aquí van algunas pistas para afrontar el desempleo con un plan de mejora de la salud familiar:

- Pon tu energía en este proceso: la energía y el esfuerzo que dedicabas al trabajo, ahora puedes dedicarlo a la búsqueda de un nuevo trabajo y a organizar tus nuevos hábitos de salud.
- Organiza tus rutinas: haz un horario con las distintas tareas que tienes que realizar cada día. El trabajo nos daba un estructura temporal, ahora tendremos que crearnos unas rutinas para evitar que el tiempo

se vaya volando sin ninguna conciencia. No olvides incluir tus tareas culinarias en el horario diario.

- Establece prioridades: piensa qué cosas son las más importantes y cuales son muy urgentes y no puedes dejar pasar.
- Nutre tu vida con más cosas que la comida: recuerda que en la vida hay muchas situaciones, personas o cosas que te llenan de energía. Te mereces seguir disfrutando de la vida, así que busca momentos para ello.
- Practica ejercicio físico: el deporte le agrada a tu cuerpo y a tu mente. Trata de practicar uno que se adapte a tus gustos y posibilidades. Así te garantizarás la continuidad y no abandonarás rapidamente. El ejercicio físico es el mejor antídoto para la depresión, la ansiedad y las tormentas emocionales.
- Hazte un plan de alimentación: párate a pensar de qué carece tu dieta e intenta mejorarla. Por ejemplo: hacer cinco comidas al dia, tomar tres frutas, rebajar los fritos y rebozados, introducir más variedad de verdura…
- Haz un menú semanal y planifica el momento de hacer la compra y los ratos de cocinar.
- Sé creativo, varía en tus platos: busca nuevas recetas y atrévete a introducir nuevos alimentos y sabores.
- Planifica tentempiés para no caer en el picoteo insano: cuando prepares tu lista de la compra, no olvides incluir tentempiés saludables. Recuerda que vas a pasar más tiempo en casa y eso supone una mayor tentación de visitar la nevera.

Viajes

Los viajes en familia son momentos de diversión y encuentro. Seguro que algunos de los mejores recuerdos que tenemos de nuestra vida corresponden a los viajes que hemos hecho con nuestra familia de origen o con nuestros hijos. En esas ocasiones solemos comer en hoteles y restaurantes y los horarios varían mucho. Estamos de vacaciones, relajados y disfrutando, y cuando volvemos a casa nos damos cuenta de que nos hemos puesto varios kilos encima.

Somos conscientes de la necesidad que todos tenemos de descansar, relajarnos y olvidarnos de los horarios. Pero también en los viajes se puede comer sano. Aquí van algunas sugerencias:

- Si vas a tener bufé en el desayuno, trata de introducir siempre fruta y proteina (jamón, pavo, huevos) además de la rica bollería y el café. Las tostadas con aceite son una mejor elección que el cruasán con mantequilla y mermelada.
- Cuando llegues a tu lugar de destino busca un supermercado que te permita hacer alguna compra sana.
- Si vas a pasar un día largo fuera del hotel o alojamiento, no olvides meter en la mochila algunos tentempiés saludables: fruta, barritas de cereales, frutos secos, sándwiches y agua. Los niños (y los mayores) te lo agradecerán y así evitarás comprar en cualquier lado patatas fritas o bollería industrial.
- Si la comida ha sido de bocadillo procura que la cena sea más completa e integre fruta y verdura, proteína e hidratos de carbono.
- En el restaurante del hotel ayuda a tus hijos a elegir algo rico y saludable. ¡Ellos solo elegirían pasta y pizza! Anímales a meter en su menú una ensalada y fruta fresca.
- Si tienes opción de elegir entre apartahotel o habitación de hotel, decántate por lo primero. Esto te

permitirá hacer un poco de compra y conservarla bien e incluso cocinar de manera sana algunas cenas y desayunos.

Cuando hacemos un viaje en coche parece que tenemos más hambre que otros días. Los niños pueden aburrirse y pedir comida para entretenerse, por eso hemos de buscar alternativas más sanas. Sería bueno preparar una bolsa de entrenimiento para el viaje que incluya algún juego de pistas, adivinanzas, agua y algo para picar. En nuestros viajes, trato de incluir siempre fruta fresca y frutos secos para no reducir el tentempié a galletas o patatas fritas. Preparar en casa algunos bocadillos de pan del día, puede ser otra opción saludable.

Las paradas en las gasolineras son un escollo difícil de salvar. Desgraciadamente, estos establecimientos solo ofrecen comida poco saludable: patatas fritas, bollería industrial y galletas de todo tipo, bebidas azucaradas, golosinas... A los niños, al menos a los míos les pasa, se les antoja todo lo que venden allí. Podemos negociar algún capricho culinario a compartir a cambio de tomar fruta también.

Evitemos ser demasiado estrictos con la alimentación de nuestros hijos. Deberíamos establecer pautas realistas que permitan que las podamos cumplir. No prohibamos ningún tipo de alimentos; tan solo controlemos la frecuencia y la cantidad de lo que comen. Si mantenemos un control muy estricto sobre la dieta, podemos llegar a tener un problema. Es lo que he denominado tener mentalidad *siempre a dieta*.

Siempre a dieta

En el seno de la familia puede haber una persona que siempre esté preocupada por su peso. Aunque no sea el tema principal de este libro ahondar en los trastornos de alimentación, estos problemas, que rozan una línea muy fina entre la salud y la enfermedad, pueden estar muy cerca de nosotros.

A estas alturas del libro ya hemos desarrollado y cimentado suficientemente las bases de una alimentación saludable y los pilares para tener una relación sana con la comida. No obstante, quería abordar en este capítulo la realidad de aquellas personas que, sin caer en patologías graves, están siempre controlando lo que comen. Veamos qué características tienen estas personas y cómo es su relación con la comida.

La persona con una mentalidad *siempre a dieta* se pregunta continuamente si se merece comer ese capricho. Y si se permite tomarlo, se siente luego culpable. Percibe la comida como un enemigo. Tiene en su cabeza una lista de alimentos prohibidos que no se concede nunca. Y muchas veces esa restricción provoca desajustes con la comida, siendo muy frecuente el trastorno por atracón. Por el contrario, la persona que tiene una relación sana frente a una comida apetitosa se pregunta si tiene hambre o no para seguir o parar de comer. Además, disfruta de la comida.

La persona *siempre a dieta* se plantea el ejercicio físico solo como un «quemagrasas» y vuelve a sentirse culpable si algún día se lo salta. Una persona sana hace ejercicio por los beneficios que le aporta: sentirse bien, ponerse en forma, controlar su estrés, llenarse de energía...

La persona *siempre a dieta* solo percibe progreso o éxito si pierde peso. Es su principal objetivo. De hecho, la báscula y su medición obsesiva le alegran o le amargan el día. Siente satisfacción cuando logra mantener su férrea y descompensada dieta durante semanas. Se enorgullece de su fuerza de voluntad.

Por el contrario, una persona que tiene una relación sana con la comida busca su bienestar físico y psicológico por encima de todo. Es independiente de la opinión de los demás sobre su apariencia física y tiene una buena autoconfianza. Además, acepta sus límites y no busca la perfección estética.

Muchas de las características que tienen las personas *siempre a dieta* coinciden con los trastornos de la conducta alimentaria (TCA). Por ejemplo, en ambos casos, la persona aprendió que la comida es un elemento de control y desde entonces no lo puede soltar. Detrás de un control tan férreo suele haber una sensación de descontrol interno en alguna faceta de la vida. El control sobre la comida le devuelve la seguridad y la certeza de estar haciendo bien las cosas.

El problema es que ese nivel de exigencia tan alto le impide disfrutar y relajarse y la comida termina siendo una tortura. Estas personas necesitan ayuda psicológica para salir adelante y entender toda la insatisfacción que hay tras este control. Las personas con TCA necesitan un tratamiento médico y psicológico especializado.

Los principales trastornos de la alimentación son: anorexia, bulimia, trastorno por atracón y trastornos de alimentación no especificados. Las personas que los padecen tienen la creencia de que solo estando delgadas serán dignas de ser queridas y aceptadas. Ponen todo su esfuerzo en mantenerse estéticamente perfectas porque su autoestima se sustenta en ello. En cambio, las personas que disfrutan de la comida ponen el énfasis en el bienestar físico y emocional frente a una imagen de revista.

La *anorexia* consiste en un miedo intenso a engordar y una preocupación excesiva por su figura. Para lograr no engordar ponen en marcha conductas anómalas en relación con la comida, el peso, y las medidas de su cuerpo. Estas personas pueden verse gordas o desproporcionadas a pesar de tener un peso por debajo de lo normal, es decir, perciben su cuerpo de manera distorsionada. La anorexia supone un impacto muy negativo en la vida familiar. Los padres se sienten culpables y hay un gran sufrimiento y preocupación entre todos los miembros de la familia.

La *bulimia* se caracteriza por episodios de atracones (comer de manera voraz e incontrolada grandes cantidades de comida en muy poco tiempo) y compensaciones por esa sobreingesta: vómitos autoinducidos, purgas o laxantes o un aumento de la actividad física.

Algunos síntomas relacionados con la conducta alimentaria no cumplen criterios suficientes para diagnosticar anorexia o bulimia. Son los llamados trastornos de la conducta alimentaria no especificados (TCANE). Se caracterizan por restringirse mucho la comida, bajada de peso, distorsión de la imagen corporal, pero no amenorrea.

¿Cómo convivir con quienes *siempre están a dieta* o sufren un TCA?

Ante todo, acompañándolos con paciencia, amor y firmeza. Mirar hacia otro lado para no ver el problema solo va a hacer que se agudice. Las personas que padecen anorexia o bulimia necesitan límites y firmeza además de cariño. Hemos de ser sinceros y directos con el problema y no recurrir a chantajes o manipulaciones.

Debemos huir del perfeccionismo como dinámica familiar. Salgamos de patrones muy exigentes. Una cosa es que fomentemos que nuestros hijos sean responsables y otra que les exijamos un grado de brillantez en todas las áreas. Cuando una familia acepta el error como un ingrediente más de la vida, está mostrando a sus miembros que nos podemos equivocar y seguir siendo objeto de amor y aceptación.

La anorexia y la bulimia nos angustian y son un miedo muy frecuente entre los padres. Si algún miembro de la familia lo padece, el resto de la familia debe seguir viviendo con normalidad. La pareja de los padres debe seguir teniendo sus momentos de intimidad y soledad. También hemos de seguir cuidando al resto de los hijos, prestarles atención y acompañarlos en su día a día. A veces, los hermanos son los grandes perjudicados porque congelan su periodo de adolescencia y sienten que tienen que ser adultos precoces para no ocasionar más problemas a sus padres. Cuando la vida familiar gira en torno al paciente, la anorexia se verá reforzada. No podemos dejarnos dominar por la enfermedad.

Debemos comer juntos más que nunca. Comer variado y en un ambiente distendido le da la oportunidad a esa persona de quitarle carga emocional a su problema. Le permite distraerse sin obsesionarse con lo que come y puede establecer una unión entre la comida y buenos momentos en familia. Tratemos de vivir con normalidad los momentos de comer juntos. Sigamos celebrando y festejando. No convirtamos la comida en un tabú.

Cuando intuyamos que nuestro hijo puede tener un problema con la comida, debemos buscar información y ayuda profesional cuanto antes. Los adolescentes que reciben ayuda profesional por anorexia o bulimia tienen mucho mejor pronóstico que los adultos cuyo trastorno se ha podido cronificar.

Por último, es aconsejable no forzar a comer y evitar hablar de engordar. El mensaje que deberíamos dar a nuestro hijo con TCA es que tiene que recuperar lo que ha perdido, no engordar equis kilos.

Nuestros mayores

Según un estudio del Colegio de Farmacéuticos de España, del año 2017, el 22,1 % de la población española mayor de

65 años tiene un alto riesgo de padecer desnutrición y presenta un importante desorden en las comidas y los horarios. Muchos hijos y nietos de personas mayores plantean este problema a sus médicos de referencia, al observar que sus mayores comen de manera caprichosa y desordenada.

No debería sorprendernos que las personas mayores coman menos que nosotros. Las necesidades energéticas disminuyen con la edad al reducirse gradualmente la actividad física y la masa muscular. Estudios recientes demuestran una disminución de un 10 % del gasto energético cada 10 años a partir de los 60. Por tanto, la cantidad de calorías de su dieta diaria deberá adaptarse al ejercicio físico que realice para evitar la desnutrición, por un lado, o el sobrepeso, por el otro.

El envejecimiento, además, conlleva cambios corporales, fisiológicos y funcionales que modifican las necesidades nutricionales de las personas mayores. Y dichas necesidades no siempre son bien atendidas por ellos o sus cuidadores. Veamos con más detenimiento en qué consisten estos múltiples cambios fisiológicos y cuáles son las medidas nutricionales que precisan frente a otras etapas vitales:

Pérdida de tejidos, masa muscular y ósea. Para compensar esa pérdida de masa deben tomar más proteína de origen animal: carne, pescado, huevos y lácteos. Para fortalecer o mantener la masa ósea deberán reforzar la ingesta de lácteos y pescados ricos en vitamina D y calcio.

Disminuye el porcentaje de agua corporal total y la sensación de sed se ve disminuida por lo que puede aparecer la deshidratación. La persona mayor debe tomar al menos dos litros al día, en forma de agua, zumos o caldos.

Los procesos digestivos y de absorción se ralentizan. La motilidad del tubo digestivo se enlentece y se produce la saciedad mucho antes de lo normal, por ello hay que realizar cinco comidas al día no muy copiosas. En caso de que apreciemos que la ingesta de la persona anciana sea muy escasa, podemos recurrir al enriquecimiento de los platos con cereales, leche en polvo, huevo o queso rallado en los purés y mermelada en los yogures.

Dificultad para masticar y riesgo de atragantamiento. La pérdida de piezas dentales y menor fuerza en la mandíbula pueden ocasionar que dejen de comer frutas y verduras crudas. Por ello, podemos ofrecerles puré de verduras, frutas al horno o en compota, verduras al vapor y carnes y pescados más troceados o incluso picados. La producción de saliva también disminuye y esto propicia una dificultad para tragar. Una solución a esa sequedad de boca sería emplear grasas en los alimentos para facilitar la deglución. Lo mejor, como siempre, es el aceite de oliva.

Se atrofian las papilas gustativas y se deteriora el sentido del olfato por lo que se reduce el placer e interés por la comida. La realidad es que el proceso de envejecimiento afecta a nuestro apetito y a la capacidad de saborear la comida. Por eso, en lugar de añadir más sal para reforzar el sabor, podemos intensificarlo con ajo, hierbas aromáticas o especias.

Las personas mayores pierden vitalidad y energía conforme avanzan los años. No pueden llevar el mismo ritmo de actividad que con 40 años y necesitan dosificar sus fuerzas para no acabar rendidos a mitad del día. Esa pérdida de energía también afecta al acto de cocinar y por eso dedican menos tiempo a cocinar. Les cuesta hacer platos muy elaborados y recurren a alimentos fáciles de masticar y, con frecuencia, de bajo aporte nutritivo para sus comidas diarias: flanes y yogures, bollos blandos…

Las capacidades cognitivas también se deterioran y esa pérdida afecta a todas las áreas de su vida. La labor cotidiana de cocinar requiere el uso de múltiples funciones cognitivas: atención, concentración, memoria, planificación, ejecución paso a paso. Si nuestro familiar empieza a comer peor, deberíamos observar si presenta signos de deterioro cognitivo. Por ejemplo, que se olvide de comer, que se desoriente y no sepa qué hora es, que presente dificultades para organizar un menú, hacer la compra o cocinar siguiendo todos los pasos. Si ese deterioro es cada vez más notable y progresivo, debemos consultar a su médico para que pueda hacer un diagnóstico precoz de una posible demencia o trastorno neurológico.

En esta etapa de envejecimiento, las personas necesitan la ayuda y el soporte de la familia. Será el momento de estar más pendientes de ellos. Conozco varios casos en que los hijos empiezan a ir a comer a casa de sus padres a diario, para poder supervisar lo que comen. El mejor recurso para que las personas mayores se nutran saludablemente y con apetito es comer en familia. En otras ocasiones, si el deterioro es más severo, les llevan comida preparada o les hacen la compra para asegurarse de que lleven una dieta saludable.

 Si los abuelos empiezan a olvidar cosas o se les diagnostica un inicio de demencia, los nietos e hijos pueden tener un papel fundamental para detener el deterioro cognitivo. Una idea sería que pidieran ayuda a la abuela para hacer una de sus recetas favoritas. Para ello, tendremos que preguntarle por los ingredientes necesarios y el orden y modo de hacer cada paso. Esta tarea supondrá un ejercicio de estimulación cognitiva para la persona mayor, la hará sentir valiosa y estrechará los lazos afectivos entre las dos personas que cocinen.

Nos sentamos con los abuelos y hacemos un menú semanal para que puedan ir siguiéndolo cada día y se nutran adecuadamente. Podemos usar una cartulina y letra grande para que lo puedan ver bien y lo pondremos en un lugar visible de la cocina. Ellos tendrán que ir tachando cada comida que hagan. Así también les estaremos ayudando a que estén orientados temporalmente.

Unas últimas recomendaciones:

Las personas mayores no necesitan una dieta especial, necesitan menos calorías (salvo que su médico indique otra cosa).

Deben aumentar el consumo de fibra para evitar el estreñimiento: verduras, frutas y legumbres. Y deben tomar más líquido.

Es muy recomendable que sigan haciendo ejercicio físico suave para no perder más masa muscular ni ósea. Esto les mantendrá ágiles funcionalmente, les elevará el estado de ánimo y puede cumplir también una función social al entrar en contacto con otras personas.

En ocasiones, la etapa de envejecimiento se ve agravada por situaciones de depresión y duelo. La persona mayor que se queda viuda tiene un nuevo obstáculo que afrontar: la pérdida de su compañero/a de vida. Los procesos de duelo desestabilizan mucho a la persona y ocasionan la pérdida de sus hábitos saludables. No es extraño que las personas que están atravesando un duelo pierdan el interés por cocinar o dejen de comer de forma sana. Su aspecto personal también puede volverse descuidado.

El abandono personal es un síntoma común de la depresión. Esa apatía lleva a las personas a comer desordenadamente y a coger peso. Si los síntomas depresivos se van agravando, será necesaria la intervención profesional. Si nos encontramos ante un duelo normal, la persona necesitará un periodo aproximado de 12 meses para ir remontando la pérdida. No obstante, hay duelos que necesitan orientación y tratamiento profesional. El mejor remedio para estas personas será comer acompañados y ayudarles a organizarse la compra y el menú semanal.

En muchas películas americanas observamos la tradición en familiares y amigos de llevar comida preparada tras el funeral a casa del viudo de la viuda. Este gesto tiene un doble fin: juntarse para hablar del fallecido y continuar con el luto por la pérdida y, por otro lado, dejar a la persona doliente la nevera llena por un tiempo. Conscientes de que pasará unos días muy atribulado y apático, le hacen fácil comer de manera sana. Es un acto de cuidado y cariño.

El mejor antídoto frente al desorden de comidas en la depresión, el duelo o la vejez será comer acompañados y en familia. De la misma forma que las comidas en familia durante la infancia y adolescencia son un factor de protección frente a problemas de relación, consumo de sustancias tóxicas, etc., comer acompañados en momentos duros de nuestra madurez nos ayudará a alimentarnos equilibradamente, a disfrutar de la comida y a sentirnos menos solos.

Conclusiones finales

Llegamos al final del libro. Es momento de recoger el sabor que nos ha dejado esta lectura, de poner atención al *regusto* que nos queda. Tras meses de trabajo intenso, recojo ahora los sabores centrales del libro y aquellos matices más sutiles que se han ido entremezclando a lo largo de estas líneas.

Comer es cuidar, educar y celebrar. Me gusta saborear de nuevo la idea de que cocinar y comer es un acto de autocuidado, de cuidado y cariño a otros. Cuando cocinamos sin prisa y con buena materia prima, estamos cuidando nuestro cuerpo y el de nuestra familia. Gran parte de los cocineros famosos hablan de poner cariño en la cocina. Un buen plato tiene una gran dosis de dedicación y cuidado, por eso se distingue perfectamente un plato cocinado con cariño de otro descuidado o elaborado solo por cumplir.

Cuidarse es dar a tu cuerpo lo que le agrada y lo que necesita. Nuestro cuerpo agradece la comida preparada con cariño y con ingredientes naturales. Agradece la presencia de verduras y frutas, y las proteínas limpias de grasas y rebozados. En cambio, no le agradan las comidas copiosas, el exceso de dulce o alcohol. Os animo a que escuchéis la reacción de vuestro cuerpo tras cada comida. Poned atención a los signos que os devuelve durante la digestión y si esa comida os ha aportado energía o, por el contrario, pesadez.

Además, comer es educar. El momento de comer en familia es una oportunidad extraordinaria para hablar y escuchar a nuestros hijos. Estas comidas suelen desarrollarse en un ambiente relajado donde todos, grandes y pequeños, estamos más receptivos a lo que nos cuentan. No hablamos solo de educar los modales en la mesa, sino de transmitir valores y actitudes. Es una buena ocasión para escuchar las dificultades o los problemas que nuestros hijos encuentran en su día a día y buscar soluciones entre todos.

No nos podemos olvidar de que comer en familia es celebrar. Nos juntamos a comer para compartir y celebrar nuestros vínculos. En nuestra cultura mediterránea y latina, cualquier alegría, cumpleaños o buena noticia se celebra comiendo. Es lugar de alegría y fiesta. Lugar de encuentro. Me gustaría que este libro sirviera para romper el binomio comida familiar-exceso. Podemos celebrar y no perder el control de nuestros impulsos. Podemos alegrarnos de estar juntos y comer con conciencia, midiendo y respetando las señales de saciedad que nos envía el cuerpo.

Otra idea fundamental es que se ha demostrado que comer en familia protege a sus miembros del riesgo de consumo de drogas, trastornos de la conducta alimentaria y problemas mentales. También protege a nuestros mayores del riesgo de desnutrición y les hace sentir acompañados y queridos. Comer en familia es un antídoto frente a la soledad.

Comer juntos es una magnífica escuela de comunicación, de conocimiento humano y solidaridad. Si aprendemos a comunicarnos mejor, el rato de comer puede convertirse en un momento de encuentro sincero y profundo con el resto. Podemos compartir nuestros miedos y dificultades y encontrarnos con la intimidad de nuestros hijos y cónyuges. La familia es la institución solidaria por excelencia y la comida es un claro ejemplo de ello. Entre todos los miembros preparamos la comida y ponemos la mesa, contamos con los demás en el momento de servir y mantenemos unas normas de respeto a la mesa para que todos estemos a gusto.

Me gustaría que este libro sirviera para ampliar la conciencia de cómo nos alimentamos. Me sentiría muy satisfecha si tras esta lectura fuéramos más conscientes de las emociones que nos empujan a comer sin hambre o descontroladamente. Poder distinguir el hambre física real de las ganas de comer (casi siempre fruto del deseo y del placer inmediato).

Hay unos cuantos principios básicos en nutrición sobre los que hemos incidido de manera detallada: comer variado, proporcionado y frecuentemente. Tratemos de primar los productos naturales frente a los procesados. Seamos clientes exigentes con la calidad. Como me decía una paciente: «la comida se convierte en ti, por eso yo meto al cuerpo lo mejor».

Seamos clientes informados a los que no dan gato por liebre con facilidad. Hemos dado algunas pistas para saber interpretar las etiquetas de los alimentos. No nos dejemos engañar por mensajes y envases llamativos. Consumamos con moderación productos con muchos aditivos y grasas *trans* y primemos el consumo de productos frescos frente al resto.

Uno de los temas que más me ha marcado al escribir este libro ha sido el despilfarro de la comida. La huella ecológica que dejan nuestros residuos es enorme. Malgastamos recursos naturales (agua, tierras de cultivo, energía eléctrica, combustible) y recursos humanos cada vez que tiramos comida a la basura. Seamos responsables en el consumo y valoremos más la comida y quien la preparó cada vez que estemos a punto de despilfarrarla.

Durante los meses que he estado escribiendo este libro, ponía especial atención a los momentos de comida familiar. Y cuando uno pone la lupa en una situación concreta puede volverse muy exigente y algo radical. Para evitar este riesgo mis hijos han sido fundamentales. Los niños nos recuerdan que comer es disfrutar. Ellos viven en contacto continuo con el juego y el disfrute. Mis hijos me recuerdan que es más importante un ambiente relajado que una dieta perfectamente equilibrada y sana. Es mejor hacer la vista gorda cuando comen más chocolate de la cuenta que convertir el momento de la comida en una batalla campal. Seamos flexibles en nuestros principios y establezcamos expectativas realistas.

Mi última reflexión: la mejor opción para estar sanos y tener una relación saludable con la comida la encontramos en comer despacio, con comida preparada en casa y en compañía. Este era mi deseo inicial y sigue siéndolo ahora al final, que consideremos una prioridad comer juntos en familia una vez al día cuidando la calidad de ese rato: una comida preparada en casa con cariño, buen ambiente y una conversación sincera.

Muchas películas de final feliz presentan en su última escena a una familia reunida en torno a la mesa, charlando animadamente y disfrutando de la comida preparada. Yo os propongo que esta sea la primera escena de nuestra vida en familia. Empecemos la historia sentados a la mesa, en un ambiente tranquilo y comiendo en familia.

Bibliografía recomendada y comentada

Si esta lectura os ha parecido sugerente, aquí os dejo algunos libros que aportan mucho más al tema. Son lecturas amenas, adaptadas a todos los públicos, que os permitirán seguir adentrándoos en este interesante mundo de la salud, la comida y las emociones.

Dra. Rana CONWAY, *A comer: guía para lograr que tu hijo coma de forma sana y feliz*, Pearson Alhambra, Madrid 2007.

Un libro muy recomendable. Muy práctico y claro. Para poder aplicar con nuestros hijos a diario. Sus explicaciones están muy bien adaptadas para poder explicarles a nuestros hijos conceptos básicos de nutrición.

Edward ABRAMSON, *Comer emocional*, Desclée De Brouwer, Bilbao 2003.

Este libro está especialmente dedicado a aquellas personas que hayan detectado que comen de manera emocional. Si a lo largo de esta lectura has observado que tienes síntomas de comer cuando las emociones te desbordan, te recomiendo seguir leyendo este libro. Ameno y práctico. Incluye ejercicios de introspección y auto-observación para ir logrando un mejor manejo de las emociones.

M. Bruscas y A. Zúñiga, *Los tomates de verdad son feos*, 2018.

Libro auto-editado. Merece verdaderamente la pena leerlo. A mí me ha transformado la mirada respecto al uso, abuso y desperdicio de la comida. Está muy bien documentado. Su lectura puede cambiar nuestra actitud para ser más solidarios y ecológicos.

Medicadiet, *Guía de alimentación de embarazadas* y *Guía de alimentación infantil y juvenil*.

La clínica de nutrición ha publicado (*online*) diversos documentos para ayudar a sus pacientes. Estas dos guías tienen un gran contenido para mejorar nuestra alimentación en el embarazo y cuando tengamos hijos. Las podéis descargar gratuitamente en su web: www.medicadiet.com.

Sandi Krstinic, C*omida para las emociones*, Desclée De Brouwer, Bilbao 2013.

Este libro aporta la visión médico-científica de cómo los alimentos influyen sobre nuestras emociones. Es decir, recorre el camino inverso a mi libro. Determinados alimentos apaciguan o estimulan unas emociones concretas. Lectura muy sugerente.

Miriam Weinstein, *The surprising power of family meals. How eating together makes us smarter, stronger, healthier and happier*, Steerforth, Hanover, NH, 2005.

Uno de los libros pioneros en el estudio de los beneficios de comer en familia. Hasta donde yo sé, no existe edición traducida el español.

Gregorio LURI, *Elogio de las familias sensatamente imperfectas*, Ariel, Barcelona 2017.

Gregorio Luri trata de recuperar la sensatez y el sentido común para crear/criar familias sensatamente imperfectas. Las familias sanas y normales nos equivocamos muchas veces. Hace una oda a la familia por ser la institución más solidaria de la sociedad, la mejor escuela para aprender qué es el amor incondicional y una fuente de estabilidad.

Judith S. BECK, *El método Beck para adelgazar*, Gedisa, Barcelona 2007.

Utilizo este libro con mucha frecuencia para trabajar con mis pacientes en la consulta. Especialmente indicado para aquellas personas que desean perder peso, pero su cabeza se lo boicotea continuamente. Expone un método para entrenar a nuestro cerebro para lograr perder peso.

Recursos en Internet

http://www.dequetienehambretuvida.com/

Ana Arizmendi, psiconutrióloga, tiene una buena página web para trabajar el comer emocional. Ofrece diversos cursos y los *podcast* merecen mucho la pena.

https://www.thecenterformindfuleating.org/

Si te resultó interesante el apartado de comer con conciencia o *mindfuleating*, esta web dispone de buenos materiales e información para seguir ahondando en el tema.

http://www.acab.org/es

Web de la asociación catalana contra la anorexia y la bulimia. Existen numerosas asociaciones y organismos públicos que trabajan de manera seria y multidisciplinar con los trastornos de la conducta alimentaria. Ante la sospecha de que nuestro hijo pueda estar cayendo en uno de estos trastornos, es fundamental informarse y pedir ayuda profesional.